JN439504

서경희 수필집

교음사

| 책머리에 |

책 엮는 것의 어려움을 이번에도 절감한다.
이미 다 된 것들을 묶는데 하나도 제대로 된 게 없었다.
다시 보니 밉게 놓인 말들이 어찌 그리 많은지.
천의무봉(天衣無縫)의 글 꿈을 꾸지만
갈수록 솔기만 두드러진다.
사실 나는 누구한테 '글쓰기'를 배워본 적이 없다.
멋대로 하다 보니 예까지 왔다.
그 '멋대로'가 에너지가 되어 지금은 남에게 글쓰기를 가르친다.
'가르치는 것이 배우는 것이다'라는 말을 수없이 되뇐다.

가을이 깊을 대로 깊었다.
세월은 흐를 대로 흐른다.
세월만큼 많은 것을 가르쳐주는 것이 없다.
그 세월에 모든 걸 맡기고
흐를 대로 흘러간다.

2021. 11. 서경희

서경희 수필집

‣ 차 례

‣ 책머리에

1. 처용가를 부르며

첫 문장 … 14
처용가를 부르며 … 17
백년손님 … 21
알람브라궁전 … 25
위장전입 … 30
버핏과의 점심 … 34
두타사 … 38
삼세번(三세番) … 41
말하기 … 44
좋아하는 우리말… 47

2. 꼬부라진 연꽃잎

금낭화 사랑 … 52
파안대소 … 55
노룩패스(No Look Pass) … 58
숙제 … 62
한 달에 한 번 … 66
비니시우스와 함께 … 69
순풍에 돛 달고 … 73
꼬부라진 연꽃잎 … 77
쓸데없는 것 … 81
그날도 기적이 … 85

3. 그 남자의 매력

봄 편지 … 88
위편삼절(韋編三絶) … 92
얄미운 그녀 … 96
그 남자의 매력 … 100
순댓국 … 104
우사인 볼트 … 108
짹짹 지지배배 … 112
고흐는 알까 … 115
딴 세상 이야기 … 119
만 권의 책 … 122

4. 가을바람에 읊나니

메모랜덤 … 126
꽃, 그 묵시적 청탁 … 130
늦여름 … 134
가을바람에 읊나니 … 137
눈 덮인 들길 걸어갈 때 … 141
세종대왕 눈병 … 144
나의 필체를 말한다 … 147
선생님 고맙습니다 … 150
한국인 찾아내 헹가래치기 … 154
잠 속의 파도 … 158

5. 서시 고모님을 찾아서

동주 오라버님께 … 162
상상은 자유 … 166
치마 … 170
탄생의 힘 … 174
반백 년 후 누군가가 … 177
서시(西施) 고모님을 찾아서 … 181
오직 어머니의 것 … 186
주례사와 수필 … 189
가볍지도 무겁지도 않은 … 192
가방 … 195
꽃 … 199

6. 『열하일기』와 문체반정

하쿠나 마타타 … 202
하얀 연인의 도시, 양구 … 206
뼁랑마을 … 210
세상에 없는 것 … 214
그 사람 누구일까 … 218
10년 후 … 222
조상 자랑 … 225
궁즉통(窮則通)의 그것 … 229
아버지의 나눗셈 … 232
열하일기와 문체반정(文體反正) … 235
오늘은 강을 건넌다 … 241

1

처용가를 부르며

첫 문장

아기의 건강이 첫울음에 있듯이 글의 생명은 첫 문장에 있다. 글 쓰는 사람은 첫 문장을 잘 쓰려고 산통을 치른다. 아기가 자연의 힘으로 태어나듯이 첫 문장도 자연의 힘으로 태어난다. 그래서 첫 문장은 신이 주는 것이라고 한다. 신의 사랑으로 술술 잘 풀어가는 사람도 있고, 신의 미움으로 잘 풀지 못하는 사람도 있다.

"비로소 몹시 드문 시간에 시의 첫 마디가 머리를 들고 나온다"고 릴케 같은 대시인도 고통을 말했으니, 첫 문장에는 정말 신의 사랑이 필요한가 보다. 어쨌든 글쓰기는 첫 문장부터 해결하고 보는 것이다.

첫 문장의 전범(典範)은 없다. 글의 성격에 따라 부드럽게 할 수도 있고 딱딱하게 할 수도 있다. 때로는 건조해야 매력이 있고 때로는 화려해야 매력이 있다. 첫 문장은 글을 읽게 하는 힘이므로 아무튼 유혹은 만들어내야 한다.

어느 수필가는 원고청탁을 받아놓고 마감시간 하루 전까지 끙끙대다가 포기했는데, 포기하는 순간 무엇이 벼락같이 떠올라 일필휘지하듯 글 한 편을 썼다고, 신통해 못 견뎌했다. 희한하게도 그렇게 쫓기는 마음이 벼락같은 말 하나를 만들어주곤 하니, '쫓기어 나오지 않는 명문은 없다'는 옛말이 진득하지 않을 수 없다.

쫓기어 나온다는 것은 참 희한한 일이다. 그건 내 안에 무엇이 쌓여 멈추어있다는 것 아닌가. 계곡의 물이 흘러와 마침내 깊은 소(昭)를 이루며 멈추어 선 그 고요함이 폭발을 기다리고 있었다는 뜻이려니.

TV조선 '미스터트롯'이 막을 내렸다. 세상이 떠든 만큼 재미있었다. 처음에는 관심이 없었는데 안 봤다면 큰일 날 뻔했다. 나는 출연자의 노래도 즐겼지만 심사평을 더 즐겼다. 잘 모르는 분야이지만 차츰차츰 전문가의 평을 알아듣는 재미가 대단했다. 자세히 노래를 들으면 내 귀에도 음색이며 기술이며 예술성 등 노래의 힘이 다가왔다.

"허허, 첫 소절에서 다 나왔네…"

그런 어느 날, 한 심사자가 속말인 듯 툭 내뱉는 감격스러운 말을 슬쩍 들었다. 얼른 내게 글쓰기의 첫 문장이 떠올랐다. 노래 부르는 사람이 첫 낱말 첫 구절을 어떻게 소리 내느냐는 것은 글 쓰는 사람이 첫 문장을 어떻게 쓰느냐와 다를 바 없는 것 아닌가. 그 칭찬을 받은 출연자는 아주 높은 점수를 얻었다. 그리고 나는 노래하는 사람마다 처음 소리를 어떻게 내는가, 음미하며 들었다.

첫 음을 잘 낸다는 것은 정말 어려운 일이다. 내가 들어있는 합창단에서도 지휘자는 늘 첫 소리에 대해 꾸지람을 많이 한다. 무대에 오른 합창단이 첫 음을 어떻게 내느냐에 따라 실력이 보인다고.

첫 음이나 첫 문장처럼 '처음'이라는 것에는 숨은 실력이 드러난다. 아기가 우는 첫울음 같은 첫 기운의 '처음'을, 그런 기(氣)를 뿜으려면 내 몸에 그만한 힘이 숨어있어야 할 것이다. 아기가 세상에 태어나면서 우는 첫울음은 생각할수록 신기하고 우렁차다. 아기의 첫울음을 두고 여러 가지 인생담론이 있지만, 나는 간단하게 한 존재가 처음으로 터뜨리는 기(氣)의 소리라고 보고 싶다. 생명이 되기 위해 웅그렸던 그간의 우주적 시간이 응축해 터지며 순간적으로 우렁찬 울음이 된다고 생각한다. 쫓기어 나온다는 것은 바야흐로 그런 기운이 뛰쳐나오는 것이니, 자연의 힘인 것이다.

사랑도 첫눈에 반해야 사랑이 이루어지고, 세상의 좋은 일도 첫눈에 부딪치는 짜릿함 하나 있어야 이루어진다. 릴케처럼 비로소 몹시 드문 시간에 쫓기어 그런 힘이 나올 수 있도록 나를 쌓아가는 일밖에 없다. 나도 모르게 어떤 힘에 첫 줄을 맡기지 않으면 글 한 편 쓰기가 참으로 어렵지 않은가.

처용가를 부르며

신라 49대 헌강왕(재위875~886년) 시절은 태평성대였다. 서울인 경주에 기와집들이 즐비했고, 곳곳에서 풍악과 노랫소리가 끊이지 않았다. 바람과 비도 철마다 순조로웠다.

왕이 지금의 울산인 개운포에 놀러갔다 돌아가려 할 즈음, 갑자기 구름과 안개가 자욱해 길을 잃었다. 괴이히 여긴 왕에게 신하가 동해왕의 조화라고 일렀다. 왕이 용을 위해 근처에 절을 세우도록 명하자 구름과 안개가 걷히고, 땅 이름도 개운포(開雲浦)가 되었다. 동해바다 용이 기뻐하여 아들 일곱을 거느리고 임금 앞에 나타나 왕을 찬양하며 춤추고 노래했다. 그중 한 아들이 임금을 따라가 정사를 도왔는데, 이름이 처용(處容)이다.

왕은 처용에게 아름다운 여인을 아내로 삼게 하고, 급

간(級干)이라는 관직도 주었다. 아름다운 아내가 소문이 나자 무서운 역신(疫神)이 그녀를 흠모하였다. 역신이 어느 날 사람으로 변장하여 밤에 몰래 처용의 집에 가서 아내와 동침했다.

처용이 서라벌 밝은 달 아래 놀다 집에 와보니 잠자리에 두 사람이 누워있었다. 처용은 성을 내기는커녕 노래 부르고 춤추면서 물러나왔다.

서울(경주) 밝은 달에 밤들어 노닐다가
들어와 자리 보니 가랑이가 넷이어라.
둘은 내 것인데 둘은 뉘 것인고.
본디 내 것이다마는 앗은들 어찌하리.

역신은 감복하여 모습을 드러내고 처용 앞에 꿇어앉았다.

"공의 아내를 사모하여 관계를 했으나 노여워하지 않으니 감복하고 칭송하옵니다. 맹세코 이후로는 공의 형용을 그린 그림만 보아도 가까이 가지 않겠습니다."

이 일로 나라에서는 처용의 모습을 그린 그림을 문에 붙여 사귀(邪鬼)를 물리치게 하고, 그 풍습이 오늘날까지 이어진다.

대명천지 찬란한 문명을 자랑하는 서기 2019년, 'covid19'라는 역신이 우리를 덮쳤다. 휘영청 밝은 달 아래 놀던 처용처럼 우리도 그간 빛나는 문명의 광휘를 숭앙하고 즐겼다. 놀라운 정보통

신과 인공지능 등 바야흐로 신과 함께 살던 인류에게 천둥벼락이 친 것이다.

모든 것이 파괴되었다. 아무것도 소용없다. 금강석 같다고 믿었던 세계최강의 나라들도 손발이 묶였다. 역신의 위력 앞에 무장해제당한 문명은 급기야 새로이 갈 길을 묻는다. 물을 수밖에 없다. 곧 치료약이 나오고 예방약이 나온다 해도 또 다른 역신이 올 것이다. 역신은 도깨비로 온다. 올 때마다 상상 너머 야릇한 도깨비로 온다.

인류의 역사는 이 얼굴도 없고 몸도 없는 도깨비와 싸우며 여기까지 왔고, 그때마다 인간은 갈 길을 바꾸어야 했다. 인간 앞에 바람과 비가 철마다 순조로운 건 아니었다.

우리는 그간 인간이 신이 되었다고 좋아했다. 상상하기에도 눈부신 과학문명의 발달로 내 손안에 온 세상이 담기고, 지구촌 곳곳은 옆집이 되었다. 처용이 서라벌 밝은 달 아래 밤늦도록 놀며 태무심했던 것처럼, 우리도 이 아름답고 능란한 세상을 의심 없이 좋아했다. 끊이지 않는 풍악과 노랫소리 속에 욕망은 욕망을 부르고, 그 욕망은 끝없는 바벨탑을 쌓았다.

인류는 이제 가랑이가 넷인 아내의 불륜현장을 목도한 처용이 되었다. 아름답고 정숙한 신라 최고의 미인 아내에게 배반당한 처용의 황망한 마음이 오늘의 우리다.

아내를 탓하고 역신과 싸우며 사생결단할 것인가. 태연히 춤추고 노래하며 물러날 것인가. 선택의 길이 없다. 우리에게는 처용의 실밖에 없다. 역신과 다투면 역병에 길린다. 처용과 같은 역공의 발상이 필요하다.

세상이 많이 바뀔 것이라 한다. '앗은들 어찌하리…' 춤추며 노래한 처용처럼 상식과는 결별하는 길이 열릴 것이라 한다.

이 시대 석학들도 입을 모아 현대문명의 상식을 다시 생각해 보라 한다. 사람끼리가 싸늘해지는 '비접촉' 자동화 세상이 오고, 도로 재봉틀이 집으로 돌아와 마스크를 만들며 시대의 벽을 허문다. 튤립의 나라 네덜란드는 17세기 한때 튤립꽃 한 송이가 노동자 삯의 열 배가 넘는 이상한 나라였다. 꽃이 예뻐서가 아니라 꽃을 두고 황금에 눈이 멀었던 것이다. 이 미친바람을 한방에 쓰러뜨린 것이 흑사병이라는 역신이었다. 지금 우리 눈앞에 보이는 저 처용의 아름다운 아내 같은 거대한 마천루도 역신이 마음만 먹으면 식은 죽 먹듯 허물 수 있다. 보이지 않는 티끌 때문에 인간은 언제 사라질지 모르는 공룡 운명이 되어있다.

바야흐로 역신을 꿇어앉힐 시대의 「처용가」를 부를 때다. 천 년 전 신라인이 불렀던 노래를 다시 부르며 이 시대를 돌아볼 때다. 처용가는 시대의 맹점을 찌르는 구원의 노래이며, 시대의 총화가 깃든 지혜의 노래이다. 처용가를 부르며 시대의 새로운 힘을 열어가고 싶다. 천 년 후 인류도 처용가를 부르며 시대의 새 길을 찾아갈 것이리라.

백년손님

십 분 정도 땡볕 속을 걸었더니 몸이 휘청거렸다. 백 년 만에 온 더위가 사람 몸의 한계를 가르치는 것 같다. 방송은 폭염이라 하고 신문은 불볕더위라고 하는데, 어느 말이 덜 더운가.

깻묵이 자연발화를 하고 가만히 둔 달걀에서 병아리가 나왔다. 사람이 불을 놓지도 않았고 어미닭이 달걀을 품지도 않았다. 새삼 지구에 있는 모든 생명의 탯줄은 그 어미가 태양이라는 것을 백 년 만에 온 더위가 또 가르쳐 준다.

문득 '까뮈'가 떠오른다. 『이방인』이라는 소설을 쓴 프랑스 소설가 까뮈다. 그는 소설에서 '뫼르소'라는 이상한 인물을 탄생시켜 뜨거운 해변에서 이유 없이 낯선 사람에게 총을 쏘게 한다. 그리고 '태양' 때문에 그랬다고 중얼

거리게 한다. 소설의 문장도 건조하고 바닷가 땡볕도 건조하고, 사람도 건조하다.

그럴 수 있다고 한다. 폭염은 인간의 뇌를 두들겨 세로토닌이라는 호르몬을 분비시키고, 그 호르몬은 폭력성을 지녔다고 한다. 그러니 땡볕이 범인이 된 것이다. 까뮈는 소설을 통해 인간의 알 수 없는 부조리를 말하려 했지만, 결국 자연의 지극한 조리(條理)를 말해버렸다.

올여름은 지구가 통째로 바비큐처럼 꽂혀 돌아가니 우리나라만 더운 게 아니다. 저 북쪽의 추운 나라 스웨덴이 산꼭대기 얼음이 녹아 봉우리들이 낮아진다고 아우성이고, 이베리아반도 스페인과 포르투갈은 47~8도를 오르내려 사막에 산다고 신음한다. 바야흐로 곳곳에서 새로운 뫼르소가 등장할지 모르겠다.

그런데 나는 문득 희열을 느낀다. 땡볕에서 십 분을 못 견디고 밤마다 열대야에 몸부림치면서도 '땡볕'이라는 말에 절묘한 쾌감을 느낀다. 쏴아 쏟아지는 매미 소리는 천연의 호르몬이고, 이글거리는 땡볕은 천연의 소독제가 되어 내 몸과 마음의 병균을 몰아내준다. 땡볕이 세상을 멸균하고 나를 멸균한다.

어머나, 관악산이 보인다. 집 베란다에서 보이던 관악산이 언제부턴가 사라졌는데, 깨끗한 공기 때문에 관악산이 돌아왔다. 하늘은 갈수록 희미하고 공기는 갈수록 텁텁해 낮엔 산능선이 사라지고 밤엔 별이 사라졌다. 나를 괴롭히던 못된 미세먼지를 이 강한 햇살이 무찔러주니 세상이 불현듯 본디 모습으로 돌아온 것이다.

비단 위에 꽃이 놓이듯 좋은 일에 좋은 일을 더하는 것을 금상첨화(錦上添花)라 하고, 눈 위에 서리가 놓이듯 나쁜 일에 나쁜 일을 더하는 것을 설상가상(雪上加霜)이라고 한다. 우리 인생살이에는 이런 것들이 번갈아 왔다갔다한다. 묘하게도 인생은 반반(半半)이다. 좋은 일 반 나쁜 일 반, 좋은 일만 있는 것도 아니고 나쁜 일만 있는 것도 아니다. 주위를 둘러보면 온전히 착한 사람이 없듯이 온전히 나쁜 사람도 없다. 완벽하게 행복한 사람이 없듯이 완벽하게 불행한 사람도 없다. 모두가 반반이다. 뭐가 잘되지 않을 때 이런 원대한 법칙을 생각하면 마음이 평온해진다.

미세먼지 때문에 문도 열지 못하는 설상가상을 생각해보라. 미세먼지도 없고 날씨도 상큼한 금상첨화는 아니라 해도 다행히 요즘 우리는 맘대로 문을 열어젖힌다. 미세먼지에 민감한 나는 일기예보가 '미세먼지 좋음'이라고 하면 눈을 반짝이고 마음을 반짝인다. 최고기온 40도라는 말은 그다지 무섭지 않다.

오늘도 방충망에 날아와 따르릉 하이소프라노로 노래하는 저 매미는 이미 나를 꿰뚫었다. 남들은 시끄럽다고 쫓아내지만 나는 한 번도 그런 적이 없기에 대를 이어 나를 신뢰하고 날아온다. 하얗게 쏟아내는 매미들의 노래를 나는 언제나 '공기가 맑아요!'로 읽는다.

백 년 동안의 고독이 폭발한 듯 백 년 만의 더위를 몰고 온 올여름의 백년손님인 이 더위도 곧 떠날 것이다. 손님은 올 때

반갑고 갈 때 더 반갑다. 아침저녁 서늘한 바람을 선사하고 떠나는 그의 옷자락을 잡고 지구촌 사람들이 한목소리로 뜨거운 안녕을 외칠 날이 멀지 않았다. 입추가 내일모레다.

알람브라궁전

띤딴딴 딴딴딴 울리는 '알람브라궁전의 추억' 기타 음은 애절하고도 아름답다. 이 음악 때문에도 나는 오랫동안 달빛 속 알람브라궁전을 사모해왔다. 인류가 만든 가장 아름다운 이슬람 건축이 동양(인도)의 타지마할과 서양(스페인)의 알람브라궁전이라는 전문가의 말도 내 사모를 부추겼다. 대체 인도 아그라에서 본 그 타지마할과 견줄 수 있다면 무얼 더 말하랴.

백 년 동안의 고독처럼 성당 하나를 백 년 넘게 짓고 있는 가우디 작품의 '사그라다 파밀리아(성가족교회)' 대성당을 보는 것보다, 나는 알람브라궁전을 더 보고 싶다는 열망으로 스페인 여행길에 올랐다.

알람브라궁전 그저 그렇다는 말은 다녀온 사람들한테 여러 번 들었지만, '붉은빛'이라고 하는 그 알람브라에 가면 기타 소리 같은 환상이 떠오르리라, 설렘은 사라지지 않았다. 인도 타지마할에서의 감동이 다시 살아나리라.

그러나 알람브라에 오니 알람브라의 꽃이라는 나스르궁은 문이 닫혔다. 오래된 성채 알카사바성이나 술탄의 여름별궁, 까를로스5세 궁도 아름답지만, 갈증이 느껴졌다.

그 2% 갈증을 채워준 것이 희한하게도 '이사벨라' 여왕이었다. 콜럼버스를 지원해준 훌륭한 스페인 여왕이라는 것밖에 몰랐던 나는, 뜻밖에도 알람브라궁전 때문에 이사벨라 여왕과 스페인 역사를 알게 되었다.

이베리아반도의 스페인은 711년 이슬람교도인 우마이야 왕조에게 나라를 빼앗겼다. 이 이슬람 세력을 몰아내기 위해 이베리아반도의 기독교 세력은 700년 이상이나 몸부림쳤는데, 이것을 스페인 말로 '레콘키스타(Reconquista)'라고 한다. 영어로 'Reconquest'로 '재정복' 혹은 '국토회복운동'을 뜻한다.

1451년 스페인 왕 후안2세의 맏딸로 태어난 이사벨라는, 왕가의 복잡한 그물에 얽혀 어머니와 함께 유폐되는 등 우여곡절을 거치다 남동생이 없는 집안에서 왕위를 이어받는다. 아름다운 용모에 명랑한 성격이었으나 그녀에게는 남몰래 가진 강한 신앙심과 함께 독한 꿈 하나가 있었다. 그 꿈을 위해 첫 번째로 실현한 일이 결혼이었다. 이웃왕가끼리 예사로 혼인하는 유럽에서 당시 강국인 포르투갈 아폰수 왕이 이사벨라에게 적극 구혼을 했다. 그러나 그녀는 엉뚱하게 한 살 아래인 아라곤의 페르난도 왕자와 결혼했다. 당시 스페인은 우리 삼국시대처럼 카스티야, 아라곤, 그라나다 세 왕국으로 나뉘어 있었는데, 가장 넓은 땅을 가진 카스티야의 이사벨라가 가장 작은 나라 아라곤의 왕자와 결혼한 것이다. 결혼식은 카스티야에서, 신혼여행은 아라곤에서, 이제 곧 두 나라는 한 몸이 될 운명이었다. 페르난도가 아라곤 왕이 되자 이사벨라는 기다렸다는 듯 카스티야 중심으로 통합을 했다. 이렇게 해서 태어난 나라가 무적함대의 나라 스페인이다.

이사벨라의 굶주림은 계속되었다. 이 통합의 힘으로 이베리아 남쪽 그라나다에 있는 마지막 이슬람 세력을 몰아내고 완전통일을 하리라. 이사벨라 여왕보다 800년 전쯤 동방의 작은 나라 신라도 마지막 당나라 세력을 몰아내고 한반도에서 완전한 삼국통일을 했다.

안달루시아주인 그라나다에는 시에나 산의 햇살을 받으며 일곱 개의 언덕 위에 환상적인 이슬람 도시가 자리해있었다. 다른 이슬람 세력들은 다 쫓겨났으나 오직 그라나다에만 아직 세련된 문화와 물질적 풍요를 누리는 무어인의 자랑, 알람브라궁전이 있었다. 저 궁을 함락하고 이 땅에 이슬람교도의 싹을 자르리라. 독실한 가톨릭 신자인 이사벨라는 어떠한 고통도 감내하며 오직 사악한 이교도를 축출하는 것만이 신의 소명이라 믿었다. 이슬람을 몰아내기 위해 7년의 세월을 싸우다 드디어 이사벨라는 이슬람의 땅 그라나다를 밟았다.

평화를 약속하고 그라나다에 들어온 이사벨라는 곧 가면을 벗어던졌다. 어린아이들만 골라 잔인하게 처형한 목을 술탄에게 보내 술탄의 통곡과 항복을 받아냈다. 아름다움이 철철 넘쳤다는 알람브라 나스르궁에서 마지막 술탄 보압딜은 마침내 무릎 꿇고 이사벨라에게 궁전의 열쇠를 바쳤다.

1492년 1월 2일, 이사벨라는 큰 소리로 '레콘키스타' 종식을 선언했다. 700년 스페인의 꿈을 이룬 것이다. 그해 8월, 힘이 넘치는 이사벨라는 세계를 바꾼 또 하나의 결단을 내렸다. 이탈리아 출신 항해사 콜럼버스에게 산타마리아호 등 3척의 배를 지원하며 대항해의 시대를 열어갔다. 아메리카에 식민지를 개척하고 세계에 가톨릭을 전파하며 무적함대 에스파니아도 거침없이 열려갔다. 세계사는 콜럼버스 이전과 이후라고 하는데, 당시 포르투갈이나 잉글랜드는 콜럼버스의 청을 거절했다고 한다.

에메랄드빛 눈동자와 하얗고 투명한 피부, 맑은 목소리 등 신비한 매력을 다 지녔다는 이사벨라는 경건했으나 교묘하고 냉혹한 권력자였다. 그런 그도 알람브라궁전 앞에서는 넋을 잃었다. 항복을 받은 뒤에도 궁전이 하도 아름다워 온전히 그대로 썼다고 한다. 대부분의 모스크가 파괴되어 성당으로 바뀌던 시절이었다.

신대륙의 약탈품이 넘쳐나던 풍요의 시절에 53세의 이사벨라는 눈을 감았다. 1992년 콜럼버스 신대륙 발견 500주년 기념으로 교황청은 이사벨라 시성 절차를 밟았다. 그러나 유대인과 무슬림을 박해했다고 남미 신학자들이 반대해 성인 반열에는 오르지 못했다.

"더 이상 손댈 게 없구나!"

성인은 못 되어도 알람브라궁전에 넋을 잃고 외쳤다던 그 성인 같은 이사벨라의 목소리가 시방도 울려 퍼지는가, 지구촌 나그네들이 넋을 잃고 알람브라궁전으로 몰려든다. 이제 나는 가만히 발길을 돌리련다. 언제 또 올 수 있으려나. 안녕, 알람브라!

위장전입

신문에서 바둑기사를 읽다가 깜짝 역사 속으로 날아갔다. 약 1500여 년 전 고구려 장수왕 시대 도림이라는 승려 바둑기사(棋士)가 떠올랐던 것이다. 아니 그의 뛰어난 위장전입이 떠올랐다고 하는 것이 더 맞을 듯하다. 얼마 전 고위공직자 청문회에서 한 후보자가 위장전입에 걸려 땀을 뻘뻘 흘리던 모습과 겹쳐지면서다.

위장전입(僞裝轉入)이란 가짜로 이사하는 것을 말한다. 살기는 여기 살면서 저기 주소를 옮겨 사는 척하는 것인데, 어떤 이익 때문이며, 자본주의 사회의 사각지대에서 일어나는 한 범법행위이다. 하지만 승려 도림이 한 위장전입은 개인의 이익이 아니라 나라의 이익을 위한 것이었으니, 청문회를 한다면 용서받을까?

고구려 20대 왕인 장수왕(재위 413년~491년)은 저 위대한 광개토대왕의 아들로 아버지와 함께 고구려 전성기를 이끌었다. 장수왕은 늘어난 인구와 영토, 강력한 왕권수호를 위해 수도를 국내성에서 평양성으로 옮기며 남진정책을 폈다.

때는 고구려·백제·신라가 치열하게 싸우며 삼국이 맞서던 시절, 고구려가 한강 유역을 차지하며 힘을 드날렸다. 그러자 왜와 백제가 연합하고, 신라·백제·왜가 한편이 되어 고구려를 괴롭혔다.

백제 근초고왕 때는 고구려 16대 왕 고국원왕이 평양성 전투에서 사로잡혀 참수당한 일도 있었다. 백제는 고구려의 원수가 되었다. 증조할아버지 고국원왕의 복수를 누구보다 목말라하던 장수왕은 호시탐탐 백제를 노렸다. 하필 이 무렵 백제 개로왕이 북위에 사신을 보내 함께 고구려를 치자는 제안을 하고, 북위는 이 사실을 고구려에 흘리고 말았으니, 마침내 고구려가 백제를 향해 칼을 뽑을 때가 온 것이다.

장수왕은 백제 개로왕이 바둑을 좋아한다는 것을 알고 바둑을 잘 두는 승려 도림을 백제에 첩자로 보냈다.

도림은 고구려에서 죄를 짓고 도망 왔다고 속이고 백제 개로왕에게 다가갔다. 당시 백제는 바둑의 나라라 할 만큼 온 백성이 바둑을 즐겼으며 바둑을 잘 두면 관직을 얻을 수도 있었다. 바둑을 광적으로 좋아하던 개로왕은 바둑을 사이에 두고 도림과 가까워졌다. 드디어 도림은 관직도 얻었다. 도림의 위장전입이 성공했다.

잠깐, 나는 여기서 상상의 그림 한 폭을 그려본다. 이때 두 고수(高手)가 나누었을 허심탄회한 바둑의 경지가 얼마나 높고 순수했을까! 혹 도림이 진정 바둑에 빠져 영원한 백제의 바둑신으로 남았다면?

도림은 냉철한 애국자였다. 오직 고구려에 대한 사랑으로 백제를 파멸시킬 것만 생각했다. 무조건 자신을 믿어주는 시간이 흐르자 도림은 어느 날 넌지시 개로왕에게 말했다. 보아하니 성곽이나 궁실, 선왕의 무덤이 대백제에 어울리지 않게 초라해 왕의 위엄이 서지 않으니 새로 튼튼하고 아름답게 짓는 것이 어떻겠느냐고. 개로왕은 흔들렸다. 바위에도 틈이 있다고, 문무를 겸한 성군인 왕에게도 빈 곳은 있었다.

개로왕은 그날부터 궁궐이나 성곽 등을 새로 짓는 대규모 토목공사에 들어갔다. 공사가 길어지자 곳곳에서 민심이 끓고 나라 힘이 기울기 시작했다. 도림은 슬그머니 고구려로 돌아갔다.

고구려는 3만 대군을 이끌고 백제를 쳐내려왔다. 성을 아무리 높게 쌓아도 안에서 금이 가면 백 번 싸워 백 번 지는 것이 동서고금의 진리다. 바둑을 좋아하던 총명한 개로왕은 바둑 때문에 고구려군에게 붙잡혀 최후를 맞았다. 아, 그 절체절명의 순간에 통할 수 있는 바둑의 묘수는 없었을까? 아들 문주왕이 신라에 구원병을 청했지만 이미 기울었고, 수도를 오늘의 공주인 웅진으로 옮겨갔다.

위장전입을 잘하여 떼돈을 벌고, 위장전입을 잘하여 자식을 좋은 학교에 보냈다는 사람들이 주위에 많다. 가만히 보면 위장을 잘하는 것이 능력인 것 같기도 하다. 자연생태계에서도 위장을 잘해야 천적에게 잡아먹히지 않고 살아남는다. 우리 인생에서도 위장술이 삶의 한 기술일 수 있다. 필요할 때 위장할 줄 모르는 벽창호를 누가 현명하다 하겠는가. 하나 위선이나 위장은 인생에서 필요조건이지 충분조건은 아니다. 그러기에 앞에 '거짓 위(僞)'가 붙었을 것이다.

마지막으로 나는 도림의 위장을 생각해본다. 왕의 부름을 받은 나라의 일꾼이지만 승려라는 신분이 잠깐 나를 머뭇거리게 하는 것이다. 그도 나랏일을 위해 목숨을 걸었지만, '상구보리하화중생(上求菩提下化衆生)' 해야 할 승려의 마음에 다른 사람의 목숨을 처참히 파괴시키는 일이 편하지는 않았을 것 아닌가. 그리고 그의 위장전입은 누가 심판하는가?

버핏과의 점심

미국 버크셔 해서웨이사 회장인 워런 버핏은 세계에서 네 번째로 부자다. 투자의 귀재, 미다스의 손이라고 불리는 그는 주식투자를 해서 부를 축적한 세계 유일의 사람이다. 열 살 안팎에 '천 달러를 버는 천 가지 방법'이라는 글을 읽고 '35세에 백만장자가 되겠다'고 결심했다고 한다.

그는 오직 투자의 열정과 노력으로 살았다. 신문이나 잡지 등 뭐든 읽고 연구하며 매일 최신정보 수집을 위해서 학창시절 신문 배달을 했다. 신혼여행 때도 무디스 발간 기업보고서를 들고 갔다고 한다.

음악가나 화가가 어릴 때부터 남다른 떡잎을 보이듯이, 그도 부자가 되기 위한 남다른 싹을 가졌던 것 같다. 그는 '부자'를 예술처럼 완성해갔다. 버크셔 해서웨이라는 보험지주회사를 설립한 것도 그의 투자 철학을 실현하기 위한 것이었으며, 그 철학의 하나가 망하더라도 손해 보지 않는 투자를 꾸준히 하는 것이라고 한다. 40년 넘게 그는 코카콜라 주식을 가지고 있다.

어쨌든 그는 세계적 부자가 되었다. 그러면서 돈을 아껴 쓰는 데도 세계적 인물이 되어있다. 60년 넘은 작은 집에서 패스트푸드로 아침을 먹고, 낡은 자동차를 거리낌 없이 타고 다니며 동네 이발소에서 이발한다. 편안한 생활을 그냥 편안하게 하는 것이다.

그런 그가 해마다 작은 행사 하나를 연다.

'워런 버핏과의 점심(Power Lunch with Warren Buffet)'이라는 경매 행사다. 해마다 치열한 경쟁을 치르는 이 점심 한 끼 행사가 대체 무슨 영발(靈發)이 있기에 올해도 우리 돈 35억5천만 원에 낙찰이 되었다. 대부분 기업가나 투자자들이 내는 이 돈은 반드시 자선단체에 기부를 하는데, 올해도 샌프란시스코 빈민구제 단체인 클라이드재단에 기부했다고 한다.

낙찰받은 사람은 친한 사람 일곱 명을 초대할 수 있으며, 약 세 시간 동안 뉴욕 유명 스테이크 집에서 버핏과 점심시간을 가진다. 한 수 배우려는 이들은 버핏과 세상 모든 주제에 대해 대화를 나누지만, 절대 할 수 없는 이야기가 있다. '앞으로 투자를 고려하고 있는 대상'이다.

거액을 내고 점심을 먹은 어느 부자가 가장 마음에 들었다는 버핏과의 대화 내용 하나는 "당신이 누구와 결혼하느냐가 당신의 삶과 행복을 결정한다"고 했다는 말이다.

훌륭한 화가나 음악가는 혼자 예술을 이루지만 혼자 가지지 않는다. 예술의 가치는 함께하는 것에 있다. 버핏 같은 부자도 혼자 부를 이루었지만 혼자 가지지 않는다. 그는 이미 '재산 99% 사회 환원'을 밝혔다. 백억은 내 돈이지만 천억은 내 돈이 아니라고, 열심히 작품을 만들어 세상과 더불어 사는 길을 만들어간다.

투자 천재이면서 기부천사인 워런 버핏을 나는 아주 좋아한다. 그의 부나 훌륭한 인생관도 멋지지만, 특별히 그를 좋아하는 이유가 있다. 할 수만 있다면 나도 그와 함께 점심을 먹고 싶다는 꿈같은 꿈을 꿔본다. 나는 투자 같은 것은 전혀 모른다. 그의 잘생긴 얼굴 때문이다. 신문이나 방송에서 본 그의 범상치 않은 얼굴에서 범상치 않은 인물이라는 것을 꿰뚫어 보았다.

우선 첫인상에서 온화한 듯 생생한 기운이 넘친다. 따뜻한 생명의 바람이 얼굴 전체에서 불어온다. 잘생긴 이마, 귀, 후덕한 코, 잘 빗어 넘긴 헤어스타일, 안경 너머 형형한 눈빛, 원만한 턱, 뺨, 무난한 입매. 한마디로 지장과 덕장의 면모를 갖춘 품위 있는 얼굴이다. 실물을 보지 않았고 목소리도 듣지 않았으나 나는 아직 이 사람만큼 좋은 얼굴을 가진 사람을 본 적이 없다. 복이 굴러들어오는 상인 워런 버핏은 옛 어른들이 말씀하시던 '좋은 얼굴' 그대로를 가진 듯하다.

얼굴은 타고나는 것이면서 만들어가는 것이다. 딱 마주쳤을 때

느끼는 그 사람의 인상은 그 사람의 모든 것일 수 있다. 그것이 눈에 보인다. 그리고 거의 맞아떨어진다. 나이가 들면 다 관상쟁이가 되는 법.

워런 버핏과의 천문학적 점심값이 해마다 뛰는 것도, 나와 같은 생각을 가진 부자들이 그 좋은 얼굴을 좋아하는 마음이 저절로 우러나서가 아닐까?

두타사

강원도 양구군 방산면 민간인 통제구역에 '두타사'라는 절이 있었다. 지금은 없다. 거기 사람들이 몰려든다. 2006년 개방된 '두타연' 계곡 때문이다. 두타연 계곡은 반백 년 동안 사람은 없고 물과 바람만 살아 아직 물 냄새 바람 냄새만 나는 곳이다.

물 냄새 바람 냄새를 찾아 경쾌한 발걸음을 하지만, 6·25 때 수많은 국군이 여기서 피를 흘린 것을 생각하면 발걸음이 무거워지는 곳이다. 아직도 새빨간 입술의 경고판들이 여기저기서 '지뢰가 숨어있다'고 말한다.

비무장지대에서 흘러온 물이 깨끗하다 못해 넋을 놓은 듯한 두타연 계곡을 따라 올라가면 금강산에도 간다. 계곡물은 깊지도 않고 많지도 않지만 둘러싼 산의 기운이 빼어나고, 최고급 맑은 물이 아니면 살지 않는 열목어가

뛰논다.

'두타연'이라는 이름은 천 년 전 이곳에 있었던 '두타사'라는 절에서 땄다고 한다. 그런데 나는 이 '두타사'라는 이름을 듣는 순간 소름이 오소소했다. '두타(頭打)'라는 말과 직결되었기 때문이다.

두타(頭打)! 머리를 친다? 맞았다. 옛날 어느 스님이 이곳에 이르러 하도 계곡물이 맑고 시려 순간적으로 머리를 딱 얻어맞았다. 다음 순간 '두타사'라는 이름을 짓고 절도 지었다고 한다. 사찰의 이름은 불타(佛陀부처)를 뜻하는 '두타사(頭陀寺)'가 되었지만, 머리를 얻어맞은 두타(頭打)에서 흘러왔음이 틀림없다고 나는 믿는다. 지금 그 두타사는 흔적 없이 사라지고 오직 이름만 '두타연(頭陀淵)' 계곡에 남았다.

불현듯 한순간 뭔가를 깨닫는 것을 '대오(大悟)' 한다고 한다. 천 년 전 스님이 맑은 물에 머리를 탁 얻어맞고 그렇게 성불하고 싶다는 염원에서 '두타사'를 세웠다면, 천 년 후 나도 불현듯 '두타'라는 말에 한 대 딱 얻어맞고 대오하듯 가슴에 짜르르 물소리가 났으니 신기하다. 정말 그 이름 멋지지 않은가? 알고 보니 양구뿐만 아니라 삼척, 통영, 서귀포에도 '두타사'가 있다고 하는데 모두 비슷한 내력을 지녔을 것 같다.

요즘 잘나가는 책 중에 일본의 어느 카피라이터가 쓴 『일언력(一言力)』이라는 책이 있다. 핵심을 꿰뚫는 한마디 말로 복잡한 상황을 단숨에 정리하는 것을 '일언력'이라고 한다. '촌철살인'과 비슷하다. 내가 생전 처음 '두타사'라는 말을 듣고 한순간 상황

정리가 되었으니, '일언력'의 쾌감을 맛보았다고 할까.

지난 천 년 동안 모든 분야를 통틀어 가장 뛰어난 사람으로 셰익스피어가 꼽히곤 한다. 셰익스피어의 천재성은 촌철살인의 언어능력에 있을 것이다. 인간사 모든 사정을 한 줄로 꿰는 그의 뛰어난 일언력이 천 년의 세월을 낚았고 또 낚을 것이다. 인간능력의 기본은 언어능력에 있다고 하니 언어가 인간능력의 줄기세포인 셈이다.

보통 세상에서 제일 머리 좋은 사람을 물리학자인 아인슈타인으로 알지만, 사실은 미국 여성인 '마릴린 보스 사반트'라는 사람으로 글을 쓰는 작가라고 한다. IQ 228이라는 최고의 두뇌가 언어를 다루는 사람이니 언어가 세상을 이끄는 힘의 바탕이라는 말이다. 신난다. 언어는 입에서 나오는 것이 아니라 뇌에서 나오는 것이다. 뇌를 지배하는 것이 언어이니 사물의 본질은 언어가 뚫어낸다.

'두타사(頭打寺)'같이 내 머리를 치는 언어를 때때로 만나 행복해지고 싶다. 글을 쓰는 지금 창밖에서 '삽상(颯爽)'한 녹색바람이 솨 불어오는데, 그 '삽상한'이라는 말도 들을 때마다 머리를 친다. 어느 연예인을 두고 '콜라병 몸매'를 지녔다고 할 때도 잠시 머리가 흔들렸다.

세상을 콕 찌르는 한마디 상쾌한 말, 가슴에 찰방 물소리가 나는 서늘한 말, 귀엽고 사랑스러운 어여쁜 말, 그대들이여 자주 자주 나를 찾아와주렴!

삼세번(三세番)

– 평창 동계올림픽을 맞이하며

인천공항에 내린 지구촌 사람들이 백 분 만에 강릉에 도착했다. 한반도 서쪽에서 동쪽으로 단숨에 달려온 여기는 대한민국에서 최고로 아름다운 땅 강원도랍니다. 남북으로만 달릴 줄 알았던 고속철이 비로소 동서(東西)로도 달렸습니다.

2018년 2월 9일, 지구촌 100여 나라에서 온 5,000여 명은 희디흰 설원의 꿈을 새하얗게 품고 이날을 기다렸습니다. 잘 오셨습니다. 한바탕 신나게 놀다 가십시오. 우리 대한민국의 땅은 예로부터 신명의 땅입니다. 하얀 눈밭에서 맘껏 달리고 날고 굴러보십시오. 하늘과 땅이 맞닿은 수려한 평창, 강릉, 정선에서 우리 한반도의 정기를 실컷 호흡하고 가십시오.

그리고 우리 대한민국에 있는 재미있는 말 하나도 꼭

배워 가시기 바랍니다. '삼세번'이라는 말, 우리나라 사람들이 참 좋아하는 말입니다. '세 번'을 강조하는 말로, 뭐든 세 번은 해야 이루어지고, 그렇게 정성을 기울여 일을 한다는 뜻입니다.

이번 평창올림픽도 세 번의 도전 끝에 이루었습니다. 그간 강원도 도민들이 한마음이 되어 꺾이지 않고 올림픽 유치에 도전하고 힘을 쏟은 것이 세 번째입니다. 그만큼 우리는 이 대회를 사랑하고 여유 있게 오늘을 준비하고 기다렸습니다.

평창 동계올림픽은 또 대한민국에 안긴 세 번째 국제적 쾌거입니다. 1988년 서울올림픽, 2002년 월드컵대회에 이어 이번 동계올림픽으로 세계 3대 스포츠대회 모두가 우리나라에서 완결되는 것입니다.

우리 평창이 2018년 동계올림픽 개최지로 결정되었다는 소식을 듣고 만세! 하다가, 불현듯 떠오른 말이 있었습니다. '운명을 따르는 것이 행복이다.' 좀 무거운 말 같지만 알고 보면 쉽고 정겨운 말입니다. 운명을 따르는 것이란 다른 말로 가장 자연스러운 일을 한다는 뜻이니까요. 그래서 그 일을 하면 저절로 행복이 따라온다는 말입니다.

평창은 뭐니뭐니 해도 풍광이 수려하고 날씨가 깨끗합니다. 깨끗한 날씨가 뭔지 아세요? 하늘은 푸르고 공기는 맑고, 저 북쪽 나라들처럼 무지막지 춥지도 않고, 적당한 겨울 날씨 속에서 선수들이 기량을 최고로 떨칠 수 있는 신이 내린 축복의 날을 말합니다. 이런 운명을 따르니 우리가 행복하지 않을 수 있겠습니까.

특히 개회식 공연 책임을 맡은 송승환 총감독은, 드론이나 로봇공연 등 첨단과학기술로 강원도의 천연자원과 조화를 이루는 환상세계를 보여주겠다고 합니다. 대한민국의 격이 나타날 것입니다.

1924년 프랑스 샤모니에서 시작한 동계올림픽이 우리 평창으로 오기까지 한 세기 가까이 흘렀습니다. 1948년 스위스 생모리츠 대회에 첫 태극마크를 달고 걸음마를 떼었지만 이제 우리 실력은 하늘을 날 정도입니다. 그간 배출한 뛰어난 동계스포츠 스타들을 떠올리면 눈이 부십니다. 하지만 이들만이 눈부신 것은 아닙니다. 대회를 사랑하고 참가하는 모두가 눈이 부십니다. 이번 평창의 눈밭에서도 그대들은 온몸을 바쳐 눈부시게 뛸 것입니다. 그대들에게 눈부신 응원을 보냅니다.

말하기

지금 우리나라는 나라님이 감금상태다. 대통령이 탄핵에 몰려 직무가 정지되고, 그것을 사이에 두고 흰 까마귀 검은 까마귀가 하도 어지러이 날아 백성은 머리가 지끈거린다.

공식 참모보다 비선들과 더 어울리며 '불통'이란 잘못을 저질렀다 하고, 그 비선이 불법으로 나랏일에 관여했다고 해 국정농단이라는 말을 낳았다. 다행히 '농단(壟斷)'이라는 말을 제대로 알게 되었는데, 이 '농'자가 희롱할 '롱(弄)'인 줄 알았다가 깎아지른 절벽을 뜻하는 '롱(壟)'이라는 것을 알고 뜨끔했다. 높은 절벽에 올라 저잣거리를 내려다보며 모든 것을 독점 내지 독단하는 것을 농단이라고 한다.

다른 것은 잘 모르겠으나 이 소용돌이 속에서 또 하나

알게 된 것이 있다면, 대통령의 '말(言)'이다. 대통령이 그간 불통이라는 말을 많이 만든 것이 꼭 정적들이 날린 지나친 화살만은 아닌 듯하다.

대통령의 말과 말솜씨는 중요하다. 전국시대 한비자는 말더듬이었지만 천하의 제후를 설득했고, 반대로 뛰어난 웅변가이면서 어눌한 능력을 가진 사람도 세상에는 많다. 말을 잘하는 것과 일을 잘하는 것은 다른 것이니, 대통령이라고 꼭 말을 잘해야 하는 것은 아닐 것이다.

그러나 대통령이라는 자리는 말을 잘해야 한다. 말을 잘한다는 것이 유창한 언변을 뜻하는 것이 아니라 상황에 맞는 적격의 말을 정확하게 할 줄 알아야 한다는 뜻이다. 말은 깊은 영혼의 샘에서 솟아나오는 지력이고 품성이지 입에 발린 것이 아니다.

말에 논리가 있고 표현이 정확해야 신뢰가 쌓인다. 세상을 살면서 말을 알맞게 하지 못하면 온갖 것이 뒤틀리는데, 높은 곳의 말이 아래로 잘 전달되게 하는 것은 높은 자리에 있는 사람의 책무일 것이다. 정치적인 말은 모호하게 한다고 하지만, 불통이라는 말은 말이 제대로 통하지 않았다는 것 아니겠는가.

이렇게 '말'을 두고 나무라면서도 사실 나는 말 잘하는 사람을 그다지 좋아하지 않는다. '말 잘하는 사기꾼'이라는 말이 있듯이 말이 번지르르하면 왠지 팥 없는 팥빵같이 보이기 때문이다. '말하기'는 정치인에게만 중요한 것이 아니라 살아가는 땅위의 모든 사람에게 다 중요하다.

앞으로 나는 '말'에다 마음의 수양을 두고 살아가려 한다. 글을 잘 써보겠다는 것보다 말을 잘 하고 살겠다는 의지를 가져보려는 것이다. 유창한 말이 아니라 반듯한 말로 나를 정직하게 표현하고, 남에게 언어폭력을 저지르지 않게 힘쓰며 살고 싶은 것이다. 말의 돌멩이는 진짜 돌멩이보다 훨씬 아프다.

세상은 말의 거미줄로 얽혀있다. 그래서 대부분의 경전은 첫째 가르침을 '말'에다 두었다. 불경의 첫 가르침도, 입을 깨끗이 해 구업(口業)을 짓지 않는 것이 수행의 근본이라고 했다. 내가 한 말은 사라지지 않고 어딘가에 남아 세상과 우주의 기운에 가 닿는다고 한다.

'낮말은 새가 듣고 밤말은 쥐가 듣는다'는 속담은 소박하면서도 거대하다. 세상에 비밀이 없다는 뜻이지만, 우주 한가운데서 사라지지 않는 말의 힘이 새에게도 닿고 쥐에게도 닿는다는 뜻이리라.

내가 초등학교에 다닐 때는 국어과목에 '말하기'도 있었다. 그 '말하기'가 세월을 돌고 돌아 다시 찾아와 깍듯이 나를 가르친다. 태생이 경상도라 경상도 억양을 버리지 못하는 나는 늘 예쁜 서울말을 부러워한다. 부러워하면서 말의 자태를 가다듬어간다. 어쨌든 나는 말로써 미움받는 사람이 되고 싶지 않다.

좋아하는 우리말

참하다

'예쁘다, 곱다, 아름답다'라는 말은 말의 몸에서 스스로 예쁘고, 곱고, 아름다운 빛이 난다. 이런 말들은 내 가슴에 꽃이 되어 나를 향기로운 꽃밭에서 놀게 한다. 그 꽃밭 속에 피어있는 또 하나의 말이 있으니, '참하다'는 말이다.

"참 참하구나! 뉘 집 애인고?" 대여섯 살 무렵 골목에서 노는데 지나가던 할머니가 그리 말씀하셨다. 아무것도 모르던 시절, 아무것도 모른 채 나는 고래처럼 춤을 추었을지 모른다. 그렇지 않다면야 어찌 이 말에 이리도 오래 꼼짝 못 할 수가 있으리.

참하다는 말은 마음씨나 모양새가 얌전하고 조촐해 보이는 것을 말한다. 그러면서 예쁘고, 곱고, 아름다운 향기도 은연중 배어난다. 참하다는 말맛에는 온전한 순수함이 느껴진다.

'참하다'는 그냥 겉모습이 예쁜 것과는 좀 다르다. 단아하면서도 조용한 속모습이 내비쳐야 한다. 다른 사람의 마음도 편안하고 다소곳하게 해주는 그 참한 모습, 그래서 나는 언제나 참한 사람이 되고 싶었다.

그러나 이제는 '참한 사람'이 어울리지 않은 때가 온 것 같다. 봄날에 피어나는 발랄한 꽃이 아니라 가을날 붉게 물드는 스산한 단풍잎은 '참하다'를 어울리지 않게 한다.

나는 그래서 이제 참한 '행동'을 앞세우는 사람으로 거듭나려 한다. 남에게 잘 보이려는 행동이 아니라, 성숙한 마음으로 남을 귀히 여기는 진짜 참한 사람이 되고 싶은 것이다.

나이를 먹는 것은 늙어가는 것이 아니라 익어가는 것이라는 '참한' 말이 있다. 익어가는 사람이 내가 바라는 참한 사람이다. 마음이 익어가면 스스로 낮아져 보이지 않던 것도 보이게 된다.

멀리, 넓게, 조용히, 마음을 살피며 참하게 익어가고 싶다.

뭉게뭉게

'흰 구름 뭉게뭉게 피어오르는…'

열 살 안팎 여름에 이 노래를 부르며 뛰어다녔다. 가슴도 뛰었다. 작은 내 가슴에 착 와 닿은 '뭉게뭉게'라는 말 때문이었다.

햇볕은 쨍쨍 모래알은 반짝, 그즈음의 하늘은 맑고도 파랬다.

파란 하늘에 하얀 구름이 솜사탕처럼 피어오르는 모습을 보며 나는 애간장이 탔다. 왜 솜사탕이 하늘에 있지? 이상해라. 모르겠다. 정말 모르겠다.

그래도 '뭉게뭉게'라는 말이 나를 달래주었다. 하늘에 있는 저 솜사탕은 진짜 솜사탕이 아니라 솜사탕처럼 '뭉게뭉게' 피어오르는 구름이라고. 그 뭉게뭉게 피어오르는 구름은 돌아보건대 내 생애 최초로 감상한 완벽한 그림이었다. 그리고 완벽한 언어였다. 뭉게뭉게 피어오르는 구름이 부글부글 피어오르는 구름이었다면, 그림도 언어도 사라졌을 것이다.

우리말을 풍성하고 아름답게 하는 소리시늉말(擬聲語)이나 짓시늉말(擬態語)은 사물의 소리나 모양을 흉내 내어 만든 말이다. 코미디언이 하는 억지 흉내가 아니라 세월이 만들어낸 저절로 흉내이니, 시늉말은 사랑스럽고, 천연덕스럽고, 정겹고, 감미롭다.

하늘에 떠있는 하얀 구름덩이가 가볍게 피어오르는 경쾌한 모습을 절묘하게 시늉한 '뭉게뭉게'라는 말! 아무것도 걸치지 않은 맨살의 나를 놀라게 했던 그 말은, 세상 온갖 것 다 걸치고 사는 지금의 내게도 여전히 뭉게뭉게 피어오르는 놀라운 말이다.

2

꼬부라진 연꽃잎

금낭화 사랑

옛날 우리집 대문에 나팔꽃이 살았다. 아침마다 뚜따뚜따 나팔 불며 전설처럼 살았다. 맘먹고 일찍 일어나 얼른 내다보아도 그때마다 "왜 나보다 늦게 일어났니?" 하고 나를 놀려대던 나팔꽃아, 너는 왜 그리 잠도 없고 명랑하고 예쁜 얼굴이었니? 왜 아침 햇살을 그리 좋아했니? 그리고 왜 자꾸자꾸 위로만 올라갔니? 나는 우리집 나팔꽃 문패가 아버지 이름 문패보다 더 좋았다.

그 정겨운 옛날은 가고, 이즘은 문패를 스마트폰에 다는 시대가 되었다. 카카오톡 대문에 사진을 올려 나를 알리는 문패로 삼는다. 저마다 솟을대문이나 낭만이 있는 대문으로 꾸미려 예쁜 사진을 번갈아 올린다. 주로 귀여운 아기나 멋진 풍경 사진이 많다. 한때는 나도 손자손녀 사진을 자주 올렸지만, 지금은 꽃이 나의 문패가 되었다.

봄이 한창인 4월 어느 날 어느 산길에서 만난 금낭화야, 너를 본 순간 사랑이 불타올라 네가 만발한 벌판에서 행복으로 숨이 넘어갈 뻔했단다. 첫눈에 반해 찬찬히 너를 들여다보았지.

정말 예뻤다. 청아한 분홍색 꽃이 꽃대에 조르르 달려 복스럽고 신비스러웠다. 싱그러운 벌판에 서서 네 분홍색 꽃에 가슴을 떨며 얼른 폰을 열고 다음(daum)에 물어보았지. 꽃말이 '당신을 따르겠어요'라고, 고요하면서도 청순한 네 모습과 똑같았단다.

슬픈 전설을 지닌 '며느리밥풀꽃'과는 비슷하지만 다르다는 것도 알았다. 금낭화 네가 처음 태어난 곳이 중국인 줄 알지만 본디 우리나라 산이나 계곡 가까이에서 절로 자라났다고 하니, 네가 더욱 예쁘구나. 더구나 우리나라에서 처음 너를 본 곳이 설악산 봉정암 근처라니, 신령스럽기도 하단다.

봄에 어린잎은 나물이 되고, 말린 뿌리는 피를 맑게 하여 염증에 도움이 된다니, 비단주머니인 금낭(錦囊)이라는 네 이름과도 잘 어울리는구나. 봄에 만발했다 초여름에 서둘러 긴 콩꼬투리 모양의 열매를 맺는 바람에 네 어여쁜 분홍빛 색깔은 봄날 더더욱 힘내어 붉어진단다.

그 씨를 받아 바로 뿌려도 잘 자라 화분에서도 괜찮으나, 네가 제일 편히 살 곳은 수풀 우거지고 물소리 흐르는 그윽한 산속이라는 것을 안다. 그러니 네 얼굴이 그렇게 해맑을 수밖에. 그 얼굴에 또 다른 이름이 우아하게도 '덩굴모란'이라니, 귀티마저 나는구나.

금낭화야, 내가 지금 너의 좋은 점을 주저리주저리 말하지만 이

것 때문에 너를 좋아하는 건 아니란다. 좋아하는 것엔 이유가 없지. 나도 모르게 네가 맘속에 쏙 들어와 나를 차지한 것이 진짜 이유일 거야. 그날 나는 금낭화 네 사진을 무더기로 찍어와 사랑을 나누었다. 그 사진 하나가 지금 내 카카오톡 대문에 걸려있어.

첫눈에 반한 사랑은 오래가지 못한다고 하지만 예외는 어디에도 있으니, 금낭화야 걱정하지 마라. 나는 너를 끝까지 사랑할 테니 끝까지 내 대문을 지켜다오.

옛날 우리집 대문 나팔꽃은 하늘을 쳐다보았는데 지금 너는 땅을 바라보며 조신하게 서 있다. 그러나 금낭화 너는 'bleeding heart'라 하여 '피 흘리는 심장'이라고, 매운 이름도 있구나. 볼록 볼록 복주머니 모양에 끝이 살짝 올라가 심장 같은 하트모양을 하기 때문인가 봐. 그 속에서 살짝 내민 하얀색은 분홍색을 더욱 붉고 사랑스럽게 하누나. 가끔 전체가 하얀 금낭화를 만나기도 하지만 분홍색 금낭화가 더 좋아.

산에는 꽃 피네, 꽃이 피네.

봄에는 나의 금낭화가 피고, 여름에는 나의 접시꽃이 피고, 가을에는 나의 구절초가 핀다. 가만히 보니 공통점이 있네. 화려함보다는 청아함, 도시의 대문보다는 시골집 대문에 더 어울리는 소박한 자태 말이다.

어쨌든 꽃들아, 나는 너희들이 좋아 너희들 없이는 못 산다. 못 견디게 가슴을 흔드는 꽃들의 바람이 있어 나는 늘 환하고 행복하단다. 꼭 이것을 너 금낭화에게 말해주고 싶었다.

파안대소

파안대소(破顔大笑)하고 나니 텅 비어버렸다. 눈도 활짝 입도 활짝 마음껏 웃고 나니 몸속 찌꺼기가 다 날아가 버렸다.

'웃으면 복이 온다'는 말은 코미디언의 말이 아니라 진리의 말이다. 웃음이라는 꽃은 신기하게도 사람에게서만 피어난다.

'웃음'을 흔히 쓰는 '거시기'라는 말과 나란히 놓아보아도 재미있다. 얼른 생각나지 않거나 적당한 말이 없을 때 '거시기' 하면 다 통하듯이, 사람과 사람 사이에서 순간을 거시기하게 이어주는 것이 웃음이다. 누구를 만나 얼른 반가워서 웃고, 얼른 미안해서 웃고, 얼른 어색해서도 웃는다. 이 찰나 천만리 바람이 오고 간다. 어떤 기상 조건에서도 다 사용할 수 있는 연모를 두고 전천후(全天候)라고 하는데, 웃음이야말로 사람이 쓸 수 있는 전천후 도구이다.

웃음은 다 좋다. 다 활짝 피어난 꽃이다. 그중에서도 파안대소가 단연 으뜸 꽃이다. 내 모든 것을 무장해제하고 흐드러지게 웃는 파안대소야말로 낙원 중 낙원에 피는 꽃이다. 파안대소라는 말은 말맛도 상큼하지만 파안대소하는 그 모습일랑 표현할 길 없는 그림일 뿐이어라. 무적함대같이 당당하고 맑은 창공처럼 티끌 한 점 없다.

파안대소는 나도 모르게 내가 명중(命中)당하여 스스로 무너지는 것이다. 나도 모르는 내 안의 폭포수를 용솟음치게 하여 내가 나를 잃고 해일에 쓸려가는 것이다.

이제 나는 텅 비었다. 텅 빈 귀뚜라미다. 허공이고 해탈이다. 아, 열락의 하늘이여! 일부러 크게 웃으려 해도 파안대소는 되지 않는다. 누군가가 뭔가가 내게 그 순간을 겨냥 발사해주어야 한다. 그 누군가와 뭔가를 자주 만나면 자주 행복해진다. 다행히 나는 파안대소를 잘 하는 편이다. 원래 잘 웃는 편이지만 파안대소가 자주 와주어 행복하다. 오래전 한 친구가 한 말을 잊지 않는다. 잊지 않으려 한다. "나는 네 파안대소하는 모습이 너무 좋아!"

봄이 무르익으니 온 세상에 꽃이 무르익었다. 천지에 꽃이 때없이 값없이 나를 불러대니 행복에 겨워 몸 둘 바를 모르는 요즘이다. 그런데 알았다. 가만히 보니 꽃이 모두 파안대소한다는 것을. 사람이 꽃을 보고 예뻐 못 견디는 것은 꽃이 파안대소해서다. 사람이 꽃을 보고 웃지 않을 수 없는 것도 꽃이 파안대소하기 때문이다. 파안대소하면 적(敵)이 없어진다.

꽃만 보면 그림을 그리고 싶어 못 견디는 사람이 있고, 꽃만 보면 한 수 읊조리고 싶어 못 견디는 사람이 있다. 파안대소하는 저 꽃기운을 그림으로 그리고, 글로 읊어, 함께 파안대소하니, 꽃 앞에 무슨 적이 있으랴.

꽃이 만방에서 파안대소하는 이즈음 문득 걱정 하나가 생긴다. 사람은 해가 갈수록 마음이 넓어지고 예뻐져야 하는데, 그 반대가 되어서다. 보고 싶은 것만 보고, 믿고 싶은 것만 믿고, 하고 싶은 것만 하려 드니 점점 작고 못생긴 곳으로만 가는 듯해서다. 이런 걸 '확증편향증(確證偏向症)'이라고 한다는데, 정말 그리되는 것 같다.

꽃그늘 아래 생판 남인 사람 없다고, 꽃그늘 찾아 남과도 파안대소 사랑을 나누어야 하거늘, 한 살 한 살 나이를 먹을 때마다 적도 하나씩 늘어나는 게 아닌가 싶어 걱정이 된다. 파안대소 한번 하고 이런 근심 날려버리고 싶지만 걱정하는 마음에 무슨 파안대소가 찾아오랴.

얼굴을 활짝 펴고 한바탕 크게 웃는 파안대소는 누가 해도 가면이 느껴지지 않는다. 아는 사람 중에 좀 괴팍하고 욕심이 많아 마음에 덜 드는 사람이 있었다. 그런데 어느 날 그가 파안대소하며 어린아이처럼 활짝 웃는 모습이 내 눈에 띄었다. 문득 미운 마음이 사라지고 신뢰감이 날아들었다.

노룩패스(No Look Pass)

김포공항에서 재미있는 일이 일어났다. 일본을 다녀온다는 정치인 김무성이 가방을 끌고 입국 문을 들어서다 뜬금없이 가방을 휙 밀어버렸다. 가방이 스케이트처럼 미끄러지는 찰나 냉큼 비서가 달려와 받았다. 눈 깜짝할 사이 일어난 일이라 모두가 경탄했다. 이 한 줄의 일이 얼음 위 김연아보다 더 매끄러웠다.

문제는 시선이었다. 미는 사람의 시선은 이쪽이었는데 가방은 저쪽으로 미끄러진 것이다. 익숙한 그 동작이 정치인이 하는 갑질폼이라느니, 멋있다느니, 네티즌들도 시끄러웠다.

이런 것을 '노룩패스'라고 한단다.

원래 농구에서 쓰는 용어로, 보지 않고 패스하거나, 이쪽을 보는 척 저쪽으로 공을 던지는 것을 말한다. 즉 한 수 위에서 하는 패스인 것이다. 시선이 딴 데 있으니 상대가 헷갈릴 수밖에 없다. 미리 형국을 꿰뚫지 않으면 나올 수 없는 고난도 기법이다.

성동격서(聲東擊西)라는 병법도 동쪽에서 소리 내고 서쪽을 친다는 말이니, 적을 교묘히 속인다는 뜻에서 비슷하다.

어쨌든 이런 뛰어난 기량은 남을 이기기 위해 절차탁마(切磋琢磨)하지 않으면 나올 수 없는 것이다. 세상에 있는 모든 놀라운 기술이나 방법들은 상대와 싸워 이기려 있는 힘을 다해 얻어낸 것이다. 상식과 교양과 법의 테두리 안에서 힘껏 잘 싸우는 것이 민주적 삶의 방식이며, 그렇게 상대를 이기는 것이 성공한 삶이라고 한다.

2016년 3월, 세상을 놀라게 한 '알파고(AlphaGo)'라는 기계가 나타났다. 구글 딥마인드(DeepMind)사가 만든 기계에 지나지 않은 그가 인간두뇌를 최고로 펼친 바둑에 도전하겠다고, 우리나라 바둑천재 이세돌에게 선전포고를 했다. 세계최고 이세돌을 어떻게 보고, 처음엔 웃었다. 예상을 뒤엎고 이세돌이 1승 3패로 졌다. 이것을 본 중국의 젊은 바둑황제 커제가 분기탱천했다. 자기가 했으면 이겼을 거라고. 그러나 딱 1년 뒤 커제는 알파고에게 3전 완패를 당했다. 그때 커제가 한 말이 있었다.

"내 눈에 전혀 논리가 없어 보이는 수(手)가 나왔어요."

인간은 알파고에게 두 손 들어 항복했다. 알파고도 곧 바둑을

은퇴했다. 더 이상 적이 없어 적과의 농짐이 끝났다는 것이다.

논리가 전혀 없어 보였다는 그때 그 수가 바로 '노룩패스'가 아닐까? 인간이 이쪽에서 쭈물거리는 사이 알파고는 저쪽에서 한 수 위 놀음을 했으니, 공은 이미 날아가 있었던 것이다.

정치인 김무성이 공항 출입문을 나서며 '노룩패스'를 한 것은, 저쪽에 와 있는 비서를 보고 슬쩍 가방을 던진 것이라고 한다. 그때 눈길도 그쪽으로 두었더라면 그다지 이상하지 않았을 터인데, 안하무인격으로 시선이 따로 놀아 오만해 보였던 것이다. 이 가짜 '노룩패스'를 제주공항에서 사람들이 흉내 내느라 한때 야단법석을 떨었다.

노룩패스는 아무나 하는 것이 아니다. 보지 않고도 보고, 듣지 않고도 듣고, 말하지 않고도 말하는 것이니, 한 경지에 이르러야 할 수 있는 일이다. 뛰어난 농구선수는 골대 밑을 휘젓다 슬쩍 저쪽으로 몸을 날리며 이쪽에서 골을 넣는다. 요즘은 축구에서도 이 말을 사랑한다고 한다. 뭐든 단수(段數)가 필요한 일에는 다 어울릴 것 같다. 어쨌든 보지 않는 척 보고 하지 않는 척하고 하는 것이니, 알파고도 슬쩍 안 보는 척 마음대로 수를 두었을 것이다.

옛날 내가 붓글씨를 배울 때 선생님이 하셨던 그 신기한 일이 문득 이 '노룩패스'와 겹쳐 생각난다. 선생님은 종이 한 장 가득 글씨를 쓰시면서 붓에 먹을 한 번만 묻혔다. 나는 글자마다 먹을 찍어도 모자랄 판인데 신기하고 신기했다. 그것이 비로소 조금씩 이해된다.

보지 않고도 보고, 힘들이지 않고도 힘든 일을 하는 것은 자연의 힘을 이용하기 때문일 것이다. 자연의 힘에 나를 맡기면 자연이 내게 올 수 있다. 그 힘은 연습에 있다. 연습이 완전함을 만든다고, 인간은 연습으로 신이 되고 자연이 된다. 노룩패스도 그런 경지일 테다.

숙제

남들은 시험답안을 완성했는데 나는 이름도 못 쓰고 끙끙댔다. 놀라 깨어나니 꿈인지라 비몽사몽간에도 안도했다. 답안작성을 못하거나 숙제를 못해 끙끙대는 꿈을 아직도 꾸어야 하는 이유를 모르겠지만, 다행히 어느 해몽가가 풀이를 잘 해주었다. 당신은 지금 건강한 긴장 상태를 말하는 좋은 꿈을 꾸었다고.

건강한 긴장! 상쾌하다. 꿈속까지 따라와 끙끙대게 하는 숙제나 시험은 한때 누구에게나 짓눌림이었다. 그 끄나풀이 여태 긴장의 끈이 되어 꿈밭을 거닌다니, 어쨌든 몽중가피(夢中加被)로 알고 기쁘게 받아들이겠다. 숙제가 없다고 생각해보라. 늘어진 문장처럼 후줄근한 일상이 되지 않겠는가. 건강한 삶은 팽팽한 문장처럼 적당한 긴장과 숙제가 있어야 하는 것이거늘.

이런 숙제론을 펴는 내게 어느 날 진짜 숙제 하나가 걸려들었다.

"아니, 무슨 화장품을 쓰지요?"

"네? 아! 저는 이슬 먹고 살아요."

오랜만에 만난 문우와 인사를 나누었는데, 선문답이 되고 말았다. 이 구중궁궐 깊은 뜻은, 피부가 깨끗하다고 칭찬해주는 말을 내가 얼른 알아듣고 흥분하여 이슬 먹고 고고하게 살아 피부가 맑다고 수다를 떤 것이다.

이 임기응변 때문에 나는 스스로 무거운 숙제 하나를 짊어지게 되었다. 내 재치에 내가 걸려들었다. 그래서 이제부터 나는 이슬 먹고 사는 사람이 되어야 한다.

언제부턴가 나는 내 삶의 숙제를 '고요한 낯빛'으로 정한 바 있다. 고요한 낯빛의 모습으로 살고 싶다는 뜻이다. 그 꿈이 현실이 되려면 마음이 이슬 먹고 사는 사람처럼 맑고 고요해야 할 것이다.

사람은 얼굴로 말한다. 아니 낯빛으로 말한다. 낯빛이 맑으면 내가 맑다는 증거다. 내가 어두우면 아무리 하얗게 화장을 해도 낯빛이 맑아지지 않는다. 마음이 맑고 몸이 건강할 때 남들이 "얼굴이 좋아 보입니다!"라고 한다. 이 말보다 더 좋은 말이 있을까. 그야말로 고요한 낯빛을 가지고 있을 때 들을 수 있는 말이다. 그러니 그렇게 살도록 노력해야 한다.

얼굴은 심신의 화룡점정(畵龍點睛)이다. 몸과 마음의 직통전화가 얼굴이다. 아무리 안 그런 척해도 먼저 아는 것이 얼굴이다. 때로 교언영색(巧言令色)을 하고 한 길 속마음으로 무장해도 나를 못 속이는 것이 내 얼굴이다.

아기가 자랄 때 며칠 잘 먹으면 통통하고 며칠 못 먹으면 홀쭉해지듯, 사람의 마음은 아기의 밥처럼 정직하게 얼굴에 나타난다. 아기가 통실하면 온 집안에 평화가 오고, 마음이 평온하면 온 얼굴에 고요함이 온다.

아프리카 초원을 보면 얼굴에 대한 비밀이 풀린다. 쫓는 동물은 사나운 동물이고, 쫓기는 동물은 순한 동물이다. 생김새 그대로 산다. 신기하다. 사람도 마찬가지다. 가만히 보면 사람도 얼굴대로 살아간다. 마음 생김새에 따라 얼굴이 달라진다. '얼굴에 책임지라'는 말이 왜 나왔겠는가.

마음은 또 얼굴의 적(敵)이다. 호랑이가 되어 쫓기도 하고, 기린이 되어 쫓기기도 하는 것을 얼굴은 맨살 그대로 드러낸다. 숨기지 못하는 것이 얼굴이니 갖가지 마음의 모양을 적처럼 잘 살펴야 한다. 그래야 호랑이한테도 지지 않고 기린한테도 지지 않는 성숙한 사람이 된다. 내가 숙제를 잘해 나가려면 이런 성숙이 필요할 것이다.

봄날에 피는 화사한 벚꽃 중에 나는 특별히 산벚꽃을 좋아한다. 산속 키 큰 나무에서 늦은 듯 피는 산벚꽃은 맑기가 이슬과 같다. 산벚꽃같이 맑고 고요한 얼굴을 가지는 것이 얼굴에 대해 책임지고 싶은 나의 숙제다. 숙제는 아무렇게나 하면 안 된다. 숙제가 있으니 긴장도 있어 삶의 문장이 늘어지지는 않을 것이다. 그래서 누군가에게 자주 이런 말을 들었으면 한다.

"얼굴이 좋아 보입니다!"

한 달에 한 번

한 달에 한 번 봉급을 받고, 한 달에 한 번 세금을 내고, 새로 날아오는 책도 한 달에 한 번인 월간이 대부분이다. 우리네 일상은 보통 그렇게 '한 달에 한 번'에 매여 흘러간다.

하늘에 달이 한 달에 한 번 새로 떠서일까, 땅의 사람은 이 '한 달에 한 번'이라는 리듬에 편히 길들여 있다.

돌아보니 나의 생활 대부분도 그 '한 달에 한 번'에 꿰여 흘러간다. 불현듯 '한 달에 한 번'이 달려와 불을 댕긴 것도 한 달에 한 번 참여하는 나의 모임들 때문이다. 두 달에 한 번인 모임도 있고, 한 해에 한 번인 모임도 있지만, 대부분의 모임을 한 달에 한 번 한다.

한 달에 한 번은 야릇한 시간이다. 길지도 않고 짧지도 않다. 묘하게도 그 시간은 '때'를 씻어주는 여백 같은 시간이 된다.

한 달에 한 번 만나면, 새로울 것 하나 없는 얼굴들이 청량제 같은 느낌으로 다가온다. 한 달에 한 번 만나면, 묵은 때 앉은 얼굴들이 새삼 봄날의 새잎처럼 싱그럽고, 새삼 새로 뜬 보름달처럼 환하게 보인다.

추린다고 추려도 나는 한 달에 예닐곱 번 모임에 나간다. 한 달에 한 번 참여하는 그 모임들은 내가 한 달에 한 번 바꾸어 입는 색깔 다른 옷과 같다. 색이 다른 옷을 입느라 한 달이 훌쩍훌쩍 가버린다. 더러 그만두고 싶은 모임도 있지만 그래도 어느 모임에서나 착실한 옷차림을 한다. '한 달에 한 번'이라는 시간의 마력 때문이다.

한 달에 한 번 만나면 이야깃거리도 적당하다.

가까이 있어야 정이 생기고 할 말도 생기는 이웃처럼, 한 달에 한 번 만나는 사람들은 이웃사촌같이 적당한 거리에 있는 사람들이다. 적당한 거리에 있으니 따듯하기도 하고 신선하기도 하다. 그러면서 중요한 정보는 다 나눌 수 있다.

모임에서 만나는 이웃사촌들은 모습이 다 다르다. 모임의 성격이 다르기 때문이다. 딱딱한 이웃도 있고, 마음 놓고 한 달의 피로를 푸는 느슨한 이웃도 있다. 모임에 가서 딱 마주치는 사람의 얼굴은 모임마다 다르기 때문에, 그리고 한 달에 한 번이라는 시간의 거리 때문에, 한 달에 한 번 만나는 얼굴은 언제나 새롭다.

오늘도 한 달에 한 번 만난 사람들과 반갑게 인사를 나눈다.

적당히 싱그러운 얼굴들이다. 그리고 안주(按酒)가 되어줄 그간의 세상사도 풍성하다. 넓은 세상에 일도 많으니 안줏거리는 언제나 넘친다. 안주가 좋으니 술맛도 좋을 수밖에. 꽃 중의 꽃은 무궁화가 아니라 이야기꽃이라 했으니, 이야기가 이야기를 물고와 마르고 닳도록 꽃은 피어난다.

모임마다 성격이 다르니 관심거리도 다르다.

모임의 스펙트럼을 보면 '나'가 보인다. 어떤 것은 나의 뿌리가 되고, 어떤 것은 나의 잎이 되고, 어떤 것은 나의 꽃이 된다. 좋고 나쁜 것은 없다. 한 나무에 다 필요한 것이다. 한때 유행했던 삶의 십계명 중에도 '모임에 열심히 나가기'가 있었다. 여러 종류의 모임에 참여해야 기울지 않는 튼튼한 나무가 된다는 뜻이리라.

모임이 잘못되면 붕당이 될 수도 있다. 나의 모임은 신선하고 풍성한 내 삶을 위한 것이니 그것에 사랑과 봉사만을 보탤 뿐이다.

한 달에 한 번 모인다는 것은 한 달에 한 번 보름달로 뜨는 것이다.

보름달이 다음 보름달이 되기 위해 흐르는 한 달의 시간 안에는 우주의 에너지가 온전히 들어있다. 온전한 우주의 기운을 받아 한 달을 잘 살아야 한다. 그래야 한 달 후 모임에서 정력(精力) 가득한 싱그러운 보름달 얼굴을 보일 수 있으려니.

비니시우스와 함께

지구에서 제일 빠른 사나이 우사인 볼트가 백 미터 달리기 결승선에 섰다. 나는 그가 또 한 번 미쳐주기를 바란다. 광란하는 번개처럼 번쩍 그의 발이 날뛰면 온 세상이 뜨거운 함성을 쏟아낼 것이다. 그 열기를 받아 이 땅에 우르르 쾅쾅 시원한 소나기 한줄기 쏟아졌으면 좋겠다.

리우올림픽을 뜨겁게 즐기고 있는데, 난데없이 '가을을 생각하다'라는 주제로 글을 쓰라고 한다. 팔팔 끓는 삼계탕 사랑에 빠져 이열치열(以熱治熱) 염천과 놀고 있는 때에 가을이라니, 가을이라는 말이 영 딴 세상 같다.

정말 덥다. 덥다는 말도 덥다. 너무 더워 올해는 모기도 없다. 이글거리는 불볕에 모기유충이 웅덩이에서 말라 버렸다고 한다. 폭염주의보도 수시로 날아드니 이런 문자도 처음이다.

이렇게 무서운 여름인데 가을이라는 계절이 오기는 올까? 불현듯 가을이라는 말에 열매처럼 매달리고 싶어진다. 이 무서운 더위를 구하는 것은 선풍기도 아니고 에어컨도 아니고 가을이다. 가을이 와야 한다. 그런데 왠지 올가을은 아니 올 것 같다.

가을은 그래도 어느 날 갑자기 서늘한 바람을 데리고 나타날 것이다. 언제 그랬느냐는 듯 얼굴빛을 바꾸고 목소리를 바꾸며 다가올 것이다. 그렇게 교언영색(巧言令色)해도 우리는 그 변심을 사랑한다.

가을이 오누나.

좀 멀리서 오기에 기운을 잘 느끼지 못해도 분명히 오나니. 서늘한 가을바람은 생각만 해도 열락에 들게 한다. 행복에 들게 한다.

행복은 계절처럼 내 의지와 상관없이 오는 것, 진실로 행복한 것은 그렇게 저절로 그냥 오더라.

지금 한창 열기를 뿜는 올림픽 선수들이 메달을 목에 걸고 행복의 환희를 부르짖는다. 그런데 그 선수들은 어찌 보면 목표에 그냥 도달한 것이나 다름없어 보인다. 노력하지 않고 얻었다는 것이 아니다. 땀 속에 뒹굴었던 고된 시간들이 분명히 있었다. 아무리 그렇다 해도 이루어지는 것은 다른 일이다.

세상이란 묘한 것이다. 안 되는 것은 안 되고 되는 것은 그냥 된다. 노력을 깎아내리는 말이 아니다. 노력하지 않으면 어떤 일도 이루어지지 않는다. 그러나 진정 무언가가 이루어지려면 나를 넘어선 무엇이 있어야 하는 것, 즉 행운이라고 하는 것이 있어야 한다. 운명론을 말하는 건 아니다.

리우올림픽에서 특별히 내 눈을 끈 것이 마스코트인 '비니시우스'다.

고양이와 원숭이, 새를 조합해 만든 상상의 동물로 브라질 국기처럼 삼색으로 되어있다. 그는 지구대표다. 노란색 몸, 파란색 팔, 초록색 꼬리가 귀엽고 사랑스럽다. 그 팔과 다리로 맘껏 뛰고, 달리고, 강해지라고 재롱떤다. 그런데 '비니시우스'는 이런 능력을 남을 누르는 데는 쓸 수 없고, 경쟁을 떠나 좋은 일에만 쓰라고 한다. 기발하고 유쾌하다. 이 예쁜 동물을 만든 인간은 여전히 진화해가는 호모사피엔스다.

'인생의 목적은 이기는 것이 아니라 거두고 나누는 것'이라는 동양고전의 가치를 먼 나라 브라질이 어떻게 알고 그것을 '비니시우스'에게 가르쳤을까?

올림픽 선수는 이기기 위해 있는 힘을 다하고, 올림픽 경기는 이런 욕망을 불꽃처럼 타오르게 한다. 욕망이 없다면 인간은 한 걸음도 나아가지 못한다. 세상의 만발한 꽃은 인간의 욕망이 만들어낸 것이고, 그 욕망 때문에 꽃은 또 시들어간다.

"당신은 나의 적수이지만 나의 적은 아니야. 함께 세상을 노래해"

귀여운 '비니시우스'가 우렁차게 노래한다. 인류에게 시들지 않는 꽃을 피우기 위해 힘차게 노래한다.

가을이 오는 길목에서 나는 사랑스러운 '비니시우스'를 만났다.

브라질의 서정시인 '비니시우스 지 모라이스(Vinicius de Moraes)'에서 따온 '비니시우스'는 귀여운 생김새에 깜찍한 생각이 일품이다. 오직 좋은 일에만 자기의 무한능력을 빌려주겠다니, 그 성숙함에 숙연해진다. 나도 그 능력을 빌리고 싶어라. 하루에도 수백 번 오락가락 헛된 생각에 빠져 번뇌에 사로잡히는 이 혼란스러움을, 비니시우스여 네가 좀 다스려다오. 이것도 좋은 일이잖아.

비니시우스야! 한국에 한번 다녀가렴. 한국의 가을 무척 아름답단다. 너를 만난 이 행운을, 그리고 이 가을을 꼭 네게 보여주고 싶어.

순풍에 돛 달고

길을 나서니 오늘은 길신(神)이 나를 돕는다. 아파트 앞 마을버스가 기다리듯 서 있고, 건널목마다 '어서 오세요!' 파란불이 반짝였다. 지하철 계단을 오르자마자 전동차가 달려왔다. 차 안이 복잡해 겨우 손잡이를 잡았는데 앞자리 앉은 사람이 다음 역에 내렸다. 아하, 오늘이 순풍에 돛 단 날이구나.

편안히 자리해 앉았다 깜빡 생각에 잠겨 역 두 개를 지나쳤다. 그 '깜빡' 하는 사이가 화살과도 같았다. 아니 깜빡, 시간이라는 것이 흐르기나 했던가. 좀체 하지 않는 실수로 내릴 역을 지나쳤으나 그래도 약속장소에 도착하니 시간이 맞았다. 오늘은 더하기 빼기 무(無)다.

시간이 나를 도와주는 척하더니 빼앗아 가고, 딱딱 맞아가는 길신의 행운도 누렸으나 시간은 끝내 그대로였다.

결국 오늘은 아무 변화가 없는 날, 덕 본 것도 손해 본 것도 없는 평범한 보통의 날이다.

살다보면 덕 보는 게 꼭 좋은 것만이 아니라는 것을 알게 된다. 덕을 보면 어딘가에서 손해를 보고, 손해를 보면 어딘가에서 덕 볼 일이 생긴다. 삶의 물결은 그렇게 알 듯 모를 듯 흘러간다.

흔히 하는 말로 잘나갈 때 조심하라는 말이 있다. 잘 굴러갈 때, 즉 순풍에 돛 단 듯이 일이 잘 흘러갈 때 들뜨지 말라는 것이다. 순풍에 돛을 달았으니 역풍에 닻을 내려야 할 때도 있지 않겠는가. 마음이 들뜨면 평상심을 잃고 평상심을 잃으면 일을 그르치기 쉽다. 그런데 문제는 일이 잘 굴러가면 나도 모르게 들뜨게 되고 나도 모르게 교만해진다는 것이다. 아무리 아니라 해도 내 마음 나도 모르는 것이 내 마음 아닌가.

"뒤란에 소 한 마리 매어두고 가라."

옛 선비들은 공부를 마치고 세상에 나가는 후학들에게 꼭 이런 가르침을 주었다고 한다. 세상살이를 할 때 잘난 체 서두르지 말고 소걸음처럼 뚜벅뚜벅 우직하게 나아가라는 뜻이었다.

오랜 인간사에서 예외 없는 일이 잘난 사람이나 앞서가는 사람에게는 적이 많다는 것이다. 그런 세상사를 간파한 스승이 마음의 뒤란에 소를 매어두고 천천히 조금씩 소걸음으로 나아가라는 지혜를 가르쳐준 것이다.

살면서 좋은 것은, 내가 노력한 만큼 대가를 얻는 일이다. 세상에 공짜는 없으니 햇볕과 바람을 쐰 만큼 열매를 얻어야 내 것이 되고, 그것이 진정 '순풍에 돛 단' 일이 되는 것이다.

조선시대 실학자 연암 박지원은 말했다. 글을 잘 지으려면 인생의 전법(병법)도 잘 알고 인생 전반에 대한 처세훈도 잘 터득해야 한다고.

'어떻게 하면 내 인생을 바람직하게 살 것인가? 행복론은 어떻게 터득할 것인가? 악은 어떻게 멀리할 수 있을 것인가?'

이런 평범하면서도 원숙한 인생병법이 있어야 제대로 된 글을 쓸 수 있다고 했다.

나는 '행복론의 터득'이라는 말에 눈을 크게 떴다. 진정 원숙한 인생병법이 이것이 아닌가 싶어서다. 행복은 누구에게나 마지막 가치일 것이다. 하나 행복은 각자의 자유로움이니 말할 수 있으면서도 말할 수 없는 것이다. 제왕 알렉산더보다 거지 디오게네스가 더 행복하다고 하는데, 이는 디오게네스만이 아는 일 아닌가.

글 쓰는 나는 나의 행복론을 터득했는가?

한 듯도 하고 아니 한 듯도 하다. 했다면, 가장 좋은 삶은 무덤덤한 보통의 삶이라고 마음을 가라앉히는 일이다. 그렇지만 더 높이 날고 더 멀리 나는 욕망의 굴레에서는 벗어나지 못한다. 인간에게는 누구나 가지 못한 길이 있고, 그것 때문에 프로스트의 「가지 않은 길(The Road not Taken)」이 명시가 되어 만인의 사랑을 받을 것이다.

그래도 홀연히 깨어나 땅을 보면, 무난히 흐르는 오늘이라는 강이 진정 평화로운 강이고, 순풍에 돛 달고 흐르는 행복의 강이란 것을 알게 된다. 이런 겸손을 훈련하는 것이 나의 행복론이 되고 싶다. 순풍에 돛 단 듯 고요한 생각이 밀려오는 날, 마음의 닻을 내린다.

꼬부라진 연꽃잎

프랑스 대통령에 잘생긴 마크롱이 뽑혔다. 41세라는 젊은 나이도 놀랍지만, 더 놀라운 것은 그가 24세 연상의 부인을 두었다는 것이다. 사람 사는 세상은 어디나 같아 거기서도 놀림 비슷한 것이 있는 모양이다. 드디어 노숙한 부인이 한마디 했다. 미국 트럼프 대통령도 24세 연하의 부인을 두었는데, 그건 되고 이건 안 되나?

어쨌든 마크롱이 어떤 사람인지 지구 이쪽에 있는 나도 부쩍 호기심이 간다. 알려진 대로 그는 책을 무척 좋아하는 지적인 사람으로 철학공부를 하다가 뒤에 현실정치에 눈떠 파리정치대학에 입학했다고 한다. 투자은행에서 실물경제를 익히고, 전임 올랑드 대통령 때 경제보좌관으로 엘리제궁 입성을 했다.

"같은 인물, 같은 아이디어로 더는 현시대에 대처할 수 없다."

그가 이렇게 좌우 초월적 정치공언을 하며 지난 11월 대통령에 출마했을 때, 대중들 아무도 그에게 판돈을 걸지 않았다고 한다. 그런 애송이가 대통령 당선이라는 잭팟을 터뜨린 것은 그가 어릴 때부터 갖고 있었던 남다른 떡잎 때문이 아닐까, 한 생각 잠기게 했다.

"선생님과 사랑에 빠졌다."

프랑스 북부 아미앵이라는 소도시에서 의사 부부 아들로 유복한 시절을 보내던 그는, 고교시절 연극 동아리에서 함께 희곡을 쓰던 불어선생님을 좋아했다. 브리지트 트로뉴라는 이름의 여선생님은 마흔이 다된 기혼녀로 세 아이를 두었다. 사랑에 국경이 없으니 15세 소년이 선생님을 좋아하고 사랑에 빠지는 것을 뭐라 할 수 없다. '사랑에 빠진다'라는 말은 참 재미있는 말이다. 사랑은 '빠지지' 않으면 사랑이 아니고, 언젠가 도로 그 빠진 물에서 올라오는 것 또한 사랑이다. 알다가도 모를 사랑이여.

그런데 이 맹랑한 마크롱은 달랐다. 끝내 사랑의 물밑을 저으며 그 깊은 물속을 뒤지고 훔친 것이다. 15년을 기다려 평생의 연인이고 영혼의 동반자라는 트로뉴와 결혼했다. 30세와 54세이니 우리 눈에는 아들과 엄마, 사위와 장모이지만, 마크롱의 날카로운 콧날과 예사롭지 않은 눈빛은 그게 아니었다.

대단히 똑똑하고 조숙한 소년이 드디어 패기 넘치는 젊은 남성의 매력을 풍기기 시작할 때, 더 이상 트로뉴에게 마크롱은 구상유취(口尙乳臭)의 인물이 아니었을 것이다.

미국 대통령 트럼프의 아내 멜라니아는 트럼프보다 24살이 어리다. 첫 부인이 아니라서 그렇다. 24살이 많은 트로뉴도 마크롱이 첫 남편이 아니다. 희한하게 대조적인 이 현상이 지구촌 사람들을 재미있게 한다.

남자와 여자가 알맞은 거리의 나이를 가져야 짝이 되고, 그래야 탈 없이 일생을 살 수 있다는 것은 오랜 기간 진화된 사회 경험일 것이다. 진화는 살아남을 수 있는 가장 좋은 방향으로 진행되는 것이니까. 그러나 똑같거나 비슷한 것은 거부한다는 이단아 마크롱은 처음부터 인생 그 자체를 도발하고 싶었는지 모른다.

내가 좋아하는 어느 동양학자가 다행히 이 부부의 사주를 좋게 풀어주었다. 주역의 괘(卦)가 위에 땅이 있고 아래에 젊은 남자가 있는 지산겸(地山謙)괘로, 겸손(謙遜)에 해당하는 좋은 괘라 한다. 겸손은 난국을 헤쳐 나가는 힘이라고 덧붙였다.

직설적이고 유려한 말솜씨로 프랑스를 사로잡았던 마크롱의 연설문을 빼어나게 다듬은 사람이 땅(地)괘를 가진 부인이었다고 한다. 인종문제 등 늙어가는 프랑스를 활력의 프랑스로 바꿔갈 싱그러운 바람을 이상하게 나는 아무런 인(因)도 연(緣)도 없는 마크롱에게 기대해본다. 아니 나는 마크롱의 분출하는 기(氣)를 조용히 흡수해갈 나와 같은 나이인 부인에 관심이 있는지 모른다.

박물관에 있는 청자(靑瓷)연적에 연꽃 모양 꽃잎들이 질서 정연히 달려 있는데, 꽃잎 하나가 약간 옆으로 꼬부라져 있다. 그 균형 속에 있는 거슬리지 않는 파격이 마음의 여유이고 수필이라고, 수필 쓰는 사람들은 이 말을 경전처럼 안다.

인생 파격을 보여준 젊은 프랑스 대통령이 문득 꼬부라진 연꽃잎 같다고, 마음의 여유를 부려본다.

쓸데없는 것

이제는 뭐든 쉽고 편해야 좋다. 보는 순간 알고 읽는 순간 느껴야 기분이 좋다. 바람 따라 물결 따라 쓱 실려 가야지 주춤 한 번 더 생각하는 것은 싫다.

나만 그런 것이 아니다.

요즘 젊은 층에서 '의미 없는 선물' 주고받기가 유행이라는 신문 기사를 읽고 한 대 딱 맞은 기분이 들었다. 선물할 때 상대를 위해 좋은 것을 고르는 것이 아니라 최대한 '쓸데없는 것'을 찾는다는 것이다. 일테면 벽돌이나 짚신 삼는 재료 같은 것들. 굳이 의미 있는 일을 하며 스트레스를 받는 무게에서 벗어나고 싶다는 것이다. 쉴 때도 뜻 없는 장면이나 영상을 보며 멍하니 시간을 보낸다고 한다.

맛집 찾기나 여행도 금물이다. 인간본능이 현대판으로

진화한 것이 맛집 찾기나 여행인데, 그것도 안 한다. 물고기가 돌아다니거나 모닥불이 타오르는 장면을 보며 나와 상관없는 것에 넋을 놓는다. 억눌린 심리들이 가지는 자조적인 분위기라고 하지만, 팍팍한 현실에서 여유를 가지려는 젊은이들의 몸부림이라고 전문가들은 말한다.

아무 의미를 찾지 않고 생각하지 않는다?

이런 매력에 누구나 빠져보았을 것이다. 아무도 없는 무인도나 깊은 산속에서 파도와 함께 다람쥐와 함께 생각 없이 머리를 비우고 싶다는 환상을 가져보지 않은 사람이 있을까? 그 이룰 수 없는 사랑은 영화나 노래에만 있다. 사람은 생각으로 돌아가 생각하며 살아야 하는 현실적 존재이니까.

천주교인인 소설가 최인호가 오래전 『길 없는 길』이라는 불교 소설을 내놓았다. 그때 그의 뜻깊은 집필 동기가 인상적이었다. 어느 선사의 선시(禪詩) 구절에서 천둥벼락소리를 듣고 필을 들었다는데, 그 소리가 '무사유성사(無事猶成事)'라는 말이었다.

무사유성사(無事猶成事)란 '일 없음이 오히려 나의 일'이라는 뜻으로, 작가는 이 말에 오싹 소름이 돋았다고 한다.

> 일 없음이 오히려 나의 일이 되어
> 빗장 걸어놓고 낮잠 자네
> 그윽한 새만이 나를 알고
> 그림자 내내 아른거리며 창 앞 지나가네.

일 없는 가운데 낮잠 자다 창 앞에 아른거리는 새를 보았다. 새는 선사가 평생을 찾아 헤매는 '진리'이다.

진리는 낮잠 자다 우연히 만나는 것이지 열심히 샘 파다 만나는 것이 아닐 듯하다. 젊은이들이 좋아한다는 그 쓸데없는 것들이 일 없어 빗장 걸어놓고 낮잠 자는 선사와 통하는 것 같아 나도 오싹했다. 쓸데없어야 진정 쓸데있는 것과 맞닿을 수 있지 않을까. 쓸데없는 것의 틈새로 위대한 창조의 새가 문득 날아올 것이니, 세상에 나타난 놀라운 창조물들은 대개 낮잠 자다 만난 선사의 새였다. 창조는 어느 날 갑자기 창 앞에 나타나는 새 같은 것이지 잘 길러온 새장 속의 새가 아닐 터이다.

지금 우리는 '너무 많은 정보(Too Much Information)'의 바다에서 살아간다. 넘치는 정보의 홍수시대를 과공비례(過恭非禮)처럼 피곤해하며 산다. '너무 많은 정보(TMI)'라는 말속에는 '간략하게 줄여라'라는 부르짖음이 있다. 쓸데없는 것들은 어쩌면 가장 간략하게 줄인 것, 즉 일 없는 것들의 집합인지 모른다.

빠르게 바삐 움직이며 사는 사람에게는 느리게 느긋하게 사는 사람보다 시간이 덜 주어진다고, 아인슈타인은 상대성이론을 이웃집 아저씨처럼 쉽게 설명해주었다. 느리게 간단하게 쓸데없는 듯이 살면 시간이 천천히 흘러 오히려 많은 일을 할 수 있다고. 일이 있어도 없는 듯 쓸데있어도 쓸데없는 듯 느긋함을 가지는 것이 어찌 쉬운 일일까만 생각만으로도 가벼워진다.

가벼워진다는 것은 정말 좋은 일이다. 무거우면 아무것도 들어오지 않는나. 많이 알려고 머리를 채우면 아무것도 보이지 않는다. 선사가 낮잠 잔다는 것은 더없이 가벼워지는 일, 그 가벼움 속으로 새가 날아왔으리.

생각하기 싫어한다는 것은 생각 밖의 생각을 따라가는 것이고, 일 없는 일이란 것은 일 밖에 일이 있다는 뜻이니, 거기에 나를 벗어난 더 큰 내가 있지 않을까.

쓸데있는 것을 차곡차곡 챙기면 쓸데없는 것을 놓치게 된다. 쓸데없음의 쓸데있음이여! 장자(莊子)도 그리 말했던 것 같다.

그날도 기적이

그날도 기적이 일어났다.

상봉역에서 9시 52분 차를 타야 약속장소에 갈 수 있다. 헤아리고 헤아려도 아슬아슬하다. 7호선 상봉역에 내려 숨도 안 쉬고 계단을 오르고 에스컬레이터를 오르며 헉헉 환승 플랫폼에 닿았다. 그런데 어머나, 거기가 내가 가야 할 경의중앙선이 아니라 춘천행 승강장이었다. 혼비백산하며 뛰어내려와 다시 건너편 계단을 뛰어올랐다. 웬 전동차 한 대가 서 있기에 묻지도 따지지도 않고 집어 탔다. 나는 이미 내가 아니다. 그래도 방향을 확인하니 맞았다. 휴! 52분 다음 차가 이리 빨리 와주다니. 어차피 내 차는 놓쳤지만 고맙게도 연달아 차가 오는구나.

조금 지각하는 건 큰 문제가 아니다. 그런데 나는 오늘 결정적인 문제 하나를 가졌다. 휴대폰을 가져오지 않은 것이다. 휴대폰 없이 길을 나서다니, 지금 세상에 있을 수 있는 일인가. 차가 한참 뒤에 왔다면 기다리는 사람들이 망망대해에 있는 나를 어떻게 알 것이며, 나도 저들에게 연락할 아무런 길이 없다.

폰이 없으니 세상이 암흑이다. 저쪽에는 1분만 늦어도 확인전화를 하는 칼 같은 사람이 있다. 우리는 그날 모두가 놀라 또 혼비백산할 뻔했다. 그런데, 뒤차가 예상을 뒤엎고 빨리 와주는 바람에 조금 지각으로 끝날 일이 되었다.

한 시간여를 달려 약속의 땅에 내렸다. 시간도 크게 어긋나지 않았다. 그런데 또 어머나, 일행 두 명이 같은 차에서 내려 활짝 웃으며 다가왔다.

"차가 5분 이상 연착했네요. 대신 좀 빨리 달린 것 같아요."

뭐라고 5분 연착했다고? 뒤차가 아니라 연착이라고? 5분은 때로 세상을 뒤집을 시간이 아닌가. 그 5분 때문에 나는 생각지도 못한, 정말 생각지도 못한 행운을 누린 것이다.

왜 그때 그 차가 5분이나 연착했을까? 이런 희한한 일이 종종 있었다. 정말 입술이 타들어가는 때에 느닷없이 나타난 백마 탄 왕자가 나를 구해준 일들 말이다. 그건 사람이기도 하고 상황이기도 했다. 그래서 나는 지금까지 크게 구겨지는 일 없이 무난히 여기까지 와 있다.

'가장 활기찼던 내 삶의 그 하루'를 묻는다면, 나는 그날의 기적처럼 가끔 와준 기적의 그 하루를 말하겠다.

3

그 남자의 매력

봄 편지

봄은 무르익고, 온 산야에 샛노란 애기똥풀꽃이다. 이맘때쯤 홀연히 엽서 한 장이 날아온다. 한 해도 거르지 않고 20여 년을 찾아와준 이 5월의 엽서를 나는 제비가 물고 오는 나의 봄 편지라 한다.

서울 성북동에 자리한 간송미술관에서 보내는 초대장이다. 웃어른이나 상사에게 여쭈어 의논한다는 뜻을 지닌 '근계(謹啓)'라는 품위 있는 용어가 맨 위에서 인사를 하며, 올봄은 '표암과 조선남종화파전'을 알린다. 해마다 계절의 여왕 5월과 계절의 왕자 10월에 '한국민족미술연구소장 전영우' 이름으로 틀림없이 그리고 정중하게 파발을 띄워주는 것이다.

일제 강점기인 1906년, 간송(澗松) 전형필(全鎣弼)이라는 사람이 서울의 종로상권을 장악한 거부의 집안에서 태어난다. 그는 늘 고뇌에 빠졌다. '식민지시대 억만장자 조선청년이 무엇을 할 것인가?' 와세다대학 유학시절에도 도서수집에 심취하는 정도가 유일한 취미였다. 그러던 중 위창 오세창이라는 운명의 한 사람을 만난다. 위창은 민족대표 33인이자 당대 최고의 감식안(鑑識眼)이었다. 역대서화가들 총서인 『근역서화징』을 집필하던 위창에게 감동한 간송은, 어느 날 문득 무언가를 번개같이 꿰뚫는다. '민족문화유산'이었다. 이 두 사람의 만남을 하늘이 내린 복이라고 하는데, 하늘이 내린 진정한 복은 간송이 가진 부(富)가 아니었을까?

"어찌 사기그릇을 사기 위해 조상 대대로의 땅을 파느냐?"
"염려 마세요, 어머니!"

1929년부터 간송은 일생을 건 싸움을 시작한다. 전적, 서화, 도자기, 불상 등 문화유산이라면 뒤를 돌아보지 않았다. 위창에게 배운 작품 감상법이나 안목을 동원해 재산을 아낌없이 '가치 있는 일'과 바꾸어나갔다. 특히 일본으로 빠져나가는 한민족의 유물은 값을 묻지 않고 되찾아 우리 땅으로 가져왔다. 교과서에서 많이 본 대표적 고려청자인 「청자상감운학문매병(青磁象嵌雲鶴文梅瓶)」은 경성의 고급기와집 수십 채 값으로 문턱에서 건진 것이다. 「미인도」로 유명한 혜원 신윤복의 『혜원전신첩』을 일본에서 묻지 마 값으로 무조건 찾아오는 등 그의 전설 같은 기행담은 미친 짓이라 해도 괜찮았다.

1943년 집 열 채 값으로 안동에서 입수한 훈민정음해례본 원본은 유네스코 세계기록문화유산일 뿐 아니라, 한글의 우수성을 체계적으로 알게 하는 황금 중의 황금 국보이다. 이 황금을 6·25 때는 오동나무상자에 숨겼다고 한다.

1938년 33세의 간송은 드디어 현 간송미술관의 전신인 '보화각(保華閣)'을 설립한다. '빛나는 보석을 모아둔 집'이라는 뜻을 지닌 우리나라 최초의 사설박물관이다. '여기에 모인 것은 천추(千秋)의 정화(精華)'라는 위창의 글처럼 국립중앙박물관 못지않게 뛰어난 명품소장품들은 '값을 매길 수 없는' 것들, 즉 'priceless'한 것들이다. 내가 제일 좋아하는 영어단어를 여기서 만나다니. 최고의 질을 자랑하는 이 문화유산들은 그 자체만으로 삼국시대에서 조선말에 이르는 한국미술사 서술을 가능하게 할 정도다.

해방 후에는 이미 우리 땅에 있어 안심하고 더 이상 문화재 수집을 하지 않았다. 보성중학교장과 고고미술동인회 발기 등 활동을 하다 간송은 57세로 생을 마감한다. 민족문화유산의 수호신인 그의 유지를 받들어 가족은 간송미술관을 법적등록 하지 않고 오직 가족들만의 힘으로 지금까지 국보급유물을 지켜왔다. 편지 발송인 전영우 소장은 간송의 셋째 아들이다. 최근에 '간송의 유물과 기획전은 이제 한 가족이 감당하기에는 그 시대적 의미가 너무 크다'는 유지들의 뜻이 모여 새로운 미술관 건립이 추진된다고 한다.

"조선팔도에 돈 많은 사람이 간송 한 사람뿐이었겠습니까? 문화재를 수집할 때 골동가치로 하지 않았습니다. 우선 첫째로 목적이 원대했지요. 우리 미술품을 통해, 우리 문화재를 되찾아, 우리 문화의 우수성을 복원하겠다. 후학들 속에서 반드시 그것을 밝힐 사람이 나올 거다, 하는 확신 말입니다."

그 확실한 후학의 한 사람이 된 미술사학자 최완수 연구실장은 오늘도 변함없는 두루마기 차림의 일흔 살 노총각이다. 간송과 끝없는 동성애를 하신다. 모든 전시회의 주춧돌은 그다. 몇 해 전 혜원 신윤복의 「미인도」전에 팔도의 한량들이 다 모여 징그러운 뱀 줄을 이루었다는 상큼한 뉴스도 그의 기획이었다.

그런데, 민족의 자긍심을 위해 문화재를 모은 간송의 유지를 받들어 전시회는 무료다. 흔히 공짜는 시들하다고 하지만 나는 늘 이 공짜가 무겁다. 무심코 아는 사람을 따라갔던 20년 전 간송미술관의 첫인상은, '소박한 명품' 그 자체였다. 명품은 변하지 않는다. 그때 또 무심히 남겨놓은 방명록 덕에 봄마다 가을마다 날아오는 이 명품초대장으로 나의 자존심은 높아간다.

돈 자랑 제대로 한번 해본 간 큰 남자 간송! 극도의 탐미에 몸을 떨었던 순도 높은 남자 전형필! 그 님이 아직도 살아계신다면, 나도 고르고 고른 내 작품 하나 들고 가 차 한잔 정중히 올려볼 터인데….

위편삼절(韋編三絶)

내가 아끼는 책 중에 색 바랜 누런 책 하나가 있다. 종이도 너덜너덜 떨어져 나가 초라하기 그지없는 『요리교본』이라는 책이다.

그때 나는 라면도 한번 안 끓여본 경력이 두려워 급하게 요리학원을 찾았다. 신부(新婦)수업을 위해 흔히 하던 응급처방이었다. 한식은 물론 세계요리를 시험 치듯 줄긋고 메모하며 실습했던 그 요리책을 나는 지금껏 명품혼수품으로 간직한다. 요리선생님이 직접 터득한 비법이 담긴 그 책은 고급양장본이 아니라 수수하고 친근한 엄마의 책이다.

시나브로 살림꾼이 되어가는 세월 속에서 잊지 않고 그것이 훈수를 두었으니, 나는 그를 사사한 셈이다. 지금도 가장 가까운 곳에서, 제일 쉽게 만날 수 있는 곳에서, 말을 주고받는다. 40년 사랑의 손때로 책은 너덜너덜하면서도 고풍스러운 모습이다.

그 너덜너덜한 책이 문득 '위편삼절(韋編三絶)'이라는 고상한 말을 떠올리게 했다.

위편삼절은 공자가 『주역(周易)』을 즐겨 읽어 책의 가죽끈이 세 번이나 끊어졌다는 말이다. 내가 요리책을 즐겨 애용하다 색이 변하고 찢어진 것을 세 번 끊어진 가죽끈에 비유하는 것이 곪어 넘치는 말 같지만, 뭔가 통하는 것은 있다.

위편삼절이라는 말을 처음 알았을 때에 나는 '공자는 역시 독서광이구나!'라고 생각하며 공자의 학문 열정에 그저 감탄하는 정도였다. 그러나 지금은 아니다. 가죽끈이 세 번이나 끊어지도록 읽어도 모르는 것이 『주역』이었으니, 읽고 또 읽었다는 뜻으로 알고 싶다.

사서삼경의 하나인 주역은 음양의 원리로 천지만물을 설명하는 유교경전이다. 천지만물은 끊임없이 바뀌고 변한다는 변역(變易)의 원리 속에서 인생의 길흉화복도 찾아보고자 했다. 수만 년의 경험으로 발견한 이 자연현상의 원리를 주(周)나라에서 집대성했다 하여 주역이라 부른다.

64괘(卦) 384효(爻)로 이루어진 괘상(卦象)에 따라 길흉화복이 만들어지는 주역의 원리는, 생물학계의 쾌거라는 인간 게놈지도의 완성과 같은 정도인지 모른다. 게놈지도는 인간의 유전자 염

색체를 밝혀놓은 유전자 지도로 생물학계의 큰 지진이었다. 드디어 인간은 유전자 비밀을 통해 생명 비밀의 근원도 알 수 있게 되었다고 흥분했다. 하지만 그건 어디까지나 '끝의 시작'에 불과해 생명의 진짜 비밀은 더욱 아득할 뿐이라는 것을 확인하는 데 그쳤다. 아직 갈 길은 멀고 오직 모르는 것만 남았다. 생명이나 인생의 비밀은 게놈지도나 주역의 괘상으로는 알 수 없는 것이다.

공자 같은 천재도 눈빛이 책의 종이를 뚫도록 들여다보고, 모르는 구절을 수백 번 읽어보아도, 역시 모르는 것은 몰랐을 것이다.

주역은 점복술의 원천이 되기도 한다. 점술은 미신이라기보다 천지만물의 기운에 의탁하려는 다른 차원의 무엇이라 볼 수 있다. 옛말에 의난(疑難)이 있을 경우, 임금은 먼저 자기 자신에게 묻고, 그다음 조정대신에게 묻고, 그다음 서민에게 묻고, 그래도 풀리지 않으면 점(占)을 택하라 했다. 아마도 이것은 천지만물의 기운을 받아 온전히 새로 생각해보라는 차원의 지혜를 말하는 것이 아닐까 싶다.

가정의 주부인 나는 식구들의 입성과 식생과 주거를 평안하게 하는 일을 책임진다. 그 가운데 가장 어려운 일이 식생이다. 먹는 일을 해결하는 것은 끝없는 진리탐구의 일과도 같다.

먹는 것 즉 '밥'은 생명이다. 밥 해결하는 것이 사는 일 해결하는 것이니, 모든 수고와 도리는 밥에 있는 것이다. 밥 짓기도 마찬가지다. 사람 사는 일이 밥벌이하는 일이듯, 내 인생의 가장 숭고한 일도 밥 짓는 일이었다. 그래서 밥은 도(道)이다.

생명을 지키는 평범한 음식을 위하여 내가 요리책을 읽고 또 읽었으니 이만하면 공자님의 『주역』과 무엇이 다른가. 오늘도 무얼 먹을까 고심하며 책장을 넘겼으니 주역의 가죽끈처럼 책장이 너덜너덜해지지 않을 수 없다. 가죽은 갈대(韋)를 말한다. 중요한 것은 나에게도 끈 떨어진 책 하나가 있다는 것이다. 그것은 끝나지 않은 일이 있다는 뜻이다.

얄미운 그녀

2호선 선릉역에서 분당행 지하철을 갈아탔다. 앉고 싶은 마음이 굴뚝같은데 자리가 없다. 순간 눈에 딱 들어오는 사람이 있었다. 다음 역에서 내릴 것 같은 젊고 예쁜 그 숙녀 앞에 슬그머니 섰다. 그런데 내리지 않았다. 다음 역에는 내리겠지.

소설책이 가방 속에서 몸부림쳤다. 절정을 향해 달리던 이야기를 접어 집을 나설 때만 해도 한 가지 위안이 있었다. 목적지가 선릉역을 거쳐 오리역이니 역(驛)이 합해서 서른 개쯤 된다. 이 재미있는 이야기를 그 시간에 지하철에 앉아 읽는다면, 일석이조(一石二鳥)의 일등모델이 아니겠는가.

그런데, 그날 나는 끝까지 서서 가는 운수 없는 날을 당하고 말았다. 딴 자리에는 수시로 사람들이 들락거리는

데 눈앞의 그녀는 꼼짝도 하지 않았다. 자리를 찾아 이리저리 오가기도 그렇고, 무엇보다 오기가 발동해 나도 그 자리에서 꼼짝하지 않았다. 아니 이상하게 그녀에 대한 기대를 접고 싶지 않은 야릇한 고집이 발동했다. 내가 내릴 때까지도 그녀는 그대로 앉아 있었으니 아마 분당 끄트머리쯤에 사는 사람이었던 듯하다. 뒷날에 들으니, 분당선 지하철은 대개 한 번 앉은 사람이 끝까지 가는 편이라 자리 교체가 잘 안 된다고 했다.

그녀를 좇다가 앉기는커녕 아까운 시간을 통째로 잃어버리고 말았지만, 정작 그녀는 아무것도 모른다.

생각해보니, 이런 '얄미운 그녀'의 짓들이 우리 삶 속에 수없이 되풀이되고 있을 것 같다. 아무것도 모른 채 나도 얄미운 사람이 되어 남에게 허허로움을 주는 일이 얼마나 많겠는가 말이다.

내가 알게 모르게 남의 짐이 되고, 남의 간절한 바람을 알게 모르게 지나쳐버리는 것이, 존재의 외로움이라고 한다면 좀 무거운 말일까?

인간은 소설의 전지적 시점처럼 모든 것을 아는 초월적 입장이 될 수 없다. 그저 작은 테두리 안에서 살아간다. 그러면서 사람은 본질적으로 삼라만상과 무한통신을 한다고 한다. 내 앞의 그녀가 언제 자리를 비울지는 몰라도 저 멀리 무엇과는 무엇이 오가고 있다는 뜻으로 들린다.

그래서인지 가끔 한 번씩 놀라운 통신을 할 때가 있다. 나도 모르는 전파를 통하여 무심한 내 행위에 저항하는 어떤 소리를 들을 때다. 그 소리가 생생하여 오싹함을 느끼기도 하는데, 법에 어긋난 것도 도덕에 어긋난 것도 아니다.

한때 나는 생선회를 즐겨 먹었다. 뷔페에 가서 맘먹고 챙겨 먹는 것이 생선초밥과 생선회였다. 그 생선이 언젠가 나를 보고 절규하는 듯해 그만 젓가락을 놓은 후, 지금까지 생선회를 먹지 않는다. 실소할지 몰라도 정말 그렇다.

들판의 꽃을 예쁘다고 싹둑 꺾지도 않는다. 무심히 저지르는 인간의 얄미운 행위에 꽃이 통곡할 것 같아서다.

내가 일어나주기를 간절히 바랐지만, 지하철의 그녀는 아무것도 모른 채 앉아 있었다. 그녀에게는 잘못이 없다. 그러니 따질 수가 없었다. 따질 수 있는 일은 쉬운 일이지만 따질 수 없는 일은 어려운 일이다.

따질 수 없고 말할 수 없는 것이 세상에는 더 많다. 구체적이고 현실적인 것보다 추상적이고 비현실적인 것이 세상에는 더 많이 있다.

동물과 식물도 잡아먹는 사람한테 따지지 못한다. 아무리 미워도 아무도 모르는 그 먹이사슬에 갇혀 말문을 닫는다. 초원에서 벌이는 동물들의 잔인한 싸움에도 따지는 것이 없다. 이기는 것이 따지는 것이다. 꽃들이 예쁘게 피려고 애쓰는 것도 이기기 위해서가 아닐까.

'얄미운 그녀' 때문에 즐거운 독서 시간을 잃어버렸지만, 책 속에 없는 더 재미있는 독서를 한 것 같다. 다리 아프게 지하철에 서서 잠깐 현실과 환상을 오가는 동화 한 편을 읽었다. 얄미운 그녀, 끝내 독서의 즐거움을 주었으니 이제 안녕!

그 남자의 매력

단아한 동양여자가 큰 서양남자를 한참 올려보며 악수를 청한다. 그런데 그 멋진 서양신사가 한쪽 손을 포켓에 넣은 채 악수를 한다. 빌게이츠가 청와대에서 박근혜 대통령을 만나는 장면이다.

그 장면에 말이 많았다.

서양사람들이 가지는 소탈한 일상의 모습이라느니, 세계를 지배하는 거인의 오만이라느니. 말이 많다는 것은 자연스럽지 못하다는 것이다. 그러니 예법은 아니었다고 할 것이다.

그런데, 나를 자극한 것은 이런 예법이 아니라 남자의 바지 주머니였다. 빌게이츠가 한 손을 찔러 넣었던 바로 그 주머니 말이다. 그의 잠깐 실수가 내게 재미있는 글감 하나를 주었다.

내가 여자이니 눈에 들어오는 것은 남자의 매력이다. 이상하게도 나는 남자들이 입는 양복 주머니에 대해 묘한 매력을 가진다. 남자의 양복을 보면 주머니 천지다. 바지나 윗옷은 물론 속까지 깊은 주머니가 달려있다. 단순할수록 멋이 나는 여자 옷에 비해 마음 놓고 주머니를 달 수 있는 것이 남자 옷이다. 역시 남자들은 마음 놓고 거기에 뭔가를 잔뜩 넣어 다닌다. 세탁소에 드라이크리닝을 맡길 때 남편의 양복을 나는 한참 동안 뒤지고 수거해야 한다. 비밀 비슷한 쪽지도 나오지만 순간 나를 방긋 웃게 하는 만 원짜리 지폐나 오백 원짜리 동전이 예사로 나온다. 남자들은 주머니에 무방비로 무엇을 간직하고, 나는 그 순진함이 은근히 좋기도 하다.

그러나 결정적으로 나를 매력 속에 빠뜨리는 것은 남자의 윗옷에 있는 안쪽 주머니다. 즉 양복 안쪽 주머니다. 지갑이나 만년필 등을 넣어 다니는 그 위쪽 주머니 말이다. 그 안쪽 주머니에 살짝 손을 대 필기도구나 지갑을 꺼내는 남성의 모습, 나는 거기서 늘 뜻 모를 매력을 느낀다. 이건 특별한 사람에게서가 아니라 그냥 모든 남성에게 다 그렇다는 뜻이다. 그 매력을 나는 아주 오래전부터 즐겨왔다.

매력이란 것에는 까닭이 없다. 매력은 이미 내게 와 내게 올가미를 씌운 것이니 설명도 할 수 없다. 그러나 굳이 주머니 매력론을 펴자면, 그것이 가슴에서 뭔가를 꺼내는 남성의 진중한 행위인가 싶기도 하고, 여성을 꾀려는 야릇한 날갯짓으로 진화한 남성 특유의 동물성인가 싶기도 하다.

이런 매력은 여성에게는 없다. 예쁜 가방에서 예쁜 지갑과 볼펜을 꺼내는 어떤 예쁜 여성에게도 그런 매력을 느끼지 않는다.

무대에 선 남성이 살짝 양복을 열고 주머니에서 메모지를 꺼낼 때, 대국민담화를 발표하기 위해 굳은 얼굴로 마이크 앞에 선 국무총리급의 남성이 잠깐 옷을 더듬어 필기도구를 꺼낼 때, 그 매력적인 장면에 번번이 나는 굴복당한다.

우주는 음양(陰陽)으로 이루어져 있다.

음양의 조화로 만물의 기운은 생동한다. 같은 극끼리는 차갑게 밀어내고, 다른 극끼리는 뜨겁게 끌어당기는 것이 자석이다.

고대 중국의 어느 황제가 마차에 실은 인형의 팔이 방향이 바뀌어도 바뀌지 않는 그 이상한 현상에서 발견했다는 것이 자석의 극(極)이다. 이 자석의 원리에서 가장 단순하면서도 명쾌한 음양의 이치를 알 수 있다.

음과 양이 서로 자기의 자력(磁力)을 극대화할 상대를 찾아 끝없이 돌고 도는 곳이 우주이다. 사람이라는 우주도 생체전류가 흐트러지면 질병이 생기고, 그 치유의 길은 상대의 극으로 균형을 맞추는 것이라고 한다.

일상에서 발견하는 하찮은 매력 하나도 알고 보면 나를 치유해주는 위대한 힘이다. 숨어있던 극과 극이 만나고, 나를 훔쳐가고 나를 텅 비게 하는 요상한 힘, 그것이 매력이라는 마력이다.

빌게이츠가 동방예의지국의 예법에서는 말을 낳았지만, 다행히

나 같은 사람에게는 '주머니 행복론'을 찾아주었다.

사실 꼿꼿한 자세로 악수를 하는 빌게이츠보다 무심히 한 손을 포켓에 넣은 버릇없는 그 모습이 매력은 있었다. 그 남자의 매력이 뇌 속에 있는 나의 좋은 호르몬을 잠깐 출렁이게 했다.

순댓국

태어나서 처음 순댓국을 먹어봤다. 야릇한 냄새 때문에 그동안 나는 순댓국집 간판도 쳐다보지 않았다. 그날 어찌어찌 사람들 틈에 끼어 얼렁뚱땅 순댓국집에 가게 되었는데, 영하 10도 바깥 날씨 탓인지 뜨거운 식당이 사람들로 활활 끓었다. 그런데 이상했다. 왜 그 냄새가 나지 않지? 여기저기서 끓어대는 뚝배기들이 열심히 냄새를 피워 올리지만 아무 냄새도 나지 않았다. 김이 오르는 저 국물이나 어서 후루룩 마시고 싶구나.

순댓국이 본디 이리 맛있었던가. 정말 예전엔 몰랐다. 들깻가루를 듬뿍 넣고 새우젓 간을 하니 냄새는 어디 가고 구수하기 짝이 없는 일품요리만 남았다. 아니 애초에 냄새라는 것이 있기나 했던가. 오래전 처음이자 마지막으로 간 그 유명 순댓국집에서 나는 하도 냄새가 역겨워 자리를 뜨고 말았지 않았던가.

이제야 알았다.

맛있는 음식과 맛없는 음식이 따로 있는 것이 아니라는 것을. 세상에 온갖 종류의 음식이 다 만들어지는 것은 세상에 온갖 종류의 사람이 다 그것을 좋아하기 때문일 테다. 몇 가지 맛있는 음식만 필요하다면 세상에 똑똑하고 예쁜 사람 몇 사람만 필요하다는 것과 뭣이 다르랴.

내가 원래 냄새에 좀 민감하다 보니 싫은 음식에서는 싫은 냄새를 심하게 느낀다. 음식은 미각이 작용하는 것이 아니라 후각이 먼저 작용한다는 과학적 설이 있으니 내 탓은 아닌 듯하다. 감기 들어 입맛이 떨어지는 것도 후각 마비 때문이라고 한다. 후각이란 코로 맡을 수 있는 우주의 온갖 기운을 말하는데, 만물의 영장이라고 하는 인간이 후각에서는 곰이나 개 등 동물들보다 못하다. 최고로 냄새를 잘 맡는 동물이 아프리카코끼리라고 하니, 아마 그 육중한 몸을 지금껏 지탱하는 것도 좋은 후각으로 먹이를 잘 찾아서인가 싶어 재미있기도 하다.

후각은 신비스럽다. 시각이나 청각 등 다른 감각보다 더 깊숙이 있는 숨은 실력자임이 틀림없다. 그래서 사람도 상대를 후각으로 먼저 확인한다. 어여쁜 사람에게 어여쁜 냄새가 나는 것은 먼저 어여쁜 냄새를 맡았기 때문이 아닐까. 어여쁜 당신은 먼저 내 몸속의 좋은 화학성분을 두들겨 나를 기분 좋게 한 것이다. 내가 옛날에 맛도 보기 전에 순댓국을 팽개친 것도 어여쁘지 않은 그 냄새 때문이었다.

나는 지금도 어떤 곳에 가 이상한 냄새가 나면 참을 수 없이 괴로워한다. 다행히 후각은 쉽게 피로를 느끼는 성깔이라 싫은 냄새도 조금만 지나면 무뎌지게 한다.

어쨌든 그리 싫어했던 음식을 늦게나마 좋아하게 되니 좁은 문 하나가 새로 열렸다고나 할까. 살아가면서 이런 일은 계속 있을 것이다. 한 번 싫어했다고 끝까지 싫어하면 무슨 새로움이 있겠는가. 새로운 것은 새로 보고, 새로 보이는 것이다. 하늘 아래 새것은 없나니 이제야 보게 되나니, 이제야 보이게 되나니. 더불어 놀라운 사실이 또 하나 생겼다. 세상에나, 우리 동네에 서울에서 이름난 순댓국집이 있다는 것을 20년을 살면서도 몰랐다. 마음이 없으면 있어도 보이지 않는다는 것을 눈앞에서 배운다. 묵은 된장에 풋고추라고, 새로 알게 된 그 낡은 순댓국집을 찾아가 풋사랑 고백이라도 해야 하리라.

아일랜드 극작가 버나드 쇼는 글재주만큼이나 말재주가 뛰어났던 사람이다. 나는 요즘 '청춘을 청춘에 주기에는 너무 아깝다'는 그의 말을 싱그럽게 읊조리며 즐거워한다. 청춘의 아름다움을 진정으로 아는 나이는 청춘이 아니라 늙어가는 우리들이라는 뜻에서다. 예전에 버렸던 것을 다시 거둬들이며 첫사랑의 흥분을 느낀다면 이거야말로 진짜 청춘의 푸름 아닌가. 청춘을 일깨워준 나의 순댓국이여.

하찮다고 해도 좋을 순댓국 한 그릇에서 도(道)를 통한 것 같은 말을 쏟아내고 보니, 도란 도처에 널려있고 도는 눈앞에 있다는 것을 코앞에서 경험하는 듯싶다.

우사인 볼트

우사인 볼트(Usain Bolt)가 트랙을 떠났다. 2008년 베이징 올림픽에 힐끗 나타나 지구촌에 천둥을 울린 그 인간번개가 2018년 런던 세계육상선수권대회와 함께 달리기를 멈췄다.

2012년 런던 올림픽과 2016년 리우데자네이루 올림픽까지 100, 200, 400미터 계주에서 3연패를 한 그에게 딱 맞는 말은 '괴물'이었다. 특히 2009년 베를린 세계육상선수권대회에서 세운 '100미터 9.58초'라는 기록은 인간이 아니라 야생마가 세운 기록이었다.

인간의 100미터 기록은 어디까지 가능할까? 세계적 스포츠연구소와 과학자들은 100미터 한계기록을 9.65~9.75초 사이로 예측한 바 있다. 이것은 순발력, 보폭, 피치(걸음걸이)가 가장 뛰어난 선수들의 장점만을 두루 갖춘 완벽한 스프린터가 최첨단 신발을 신고 탄력이 뛰어난 합성트랙에서 뛴다는 가정하에 내린 결론이었다. 그러면서 조심스레 9.6초대의 진입도 이룰 수 없는 꿈만은 아니라는 말도 했다.

그 이룰 수 없는 꿈을 이룬 사람이 볼트였다. 카리브해 푸른 바다가 넘실대는 자메이카라는 작은 나라에서 태어난 볼트는 불가능한 사랑을 이겨낸 기린 같은 기린아였다. 키가 너무 커 육상계는 그를 꺼렸다. 100미터 달리기 최적조건을 1.85미터 이하로 볼 때 그의 1.96미터는 순발력이나 하체운동 능력이 떨어진다고 보았다. 그러나 곧 그의 말 다리[馬脚]가 드러났다.

맨몸의 인간이 얼마나 빠를 수 있는가? 이것이 100미터 달리기의 초점인데, 볼트라는 미사일은 큰 키 때문에 순발력은 좀 떨어지나 본능적인 막판 스퍼트, 그리고 큰 보폭과 빠른 걸음 등 필요한 조건을 다 갖춘 '놀라운' 인간이다.

아인슈타인의 뇌조직을 두고 외계인이 아닐까라는 이야기가 있다. 캐나다 과학자들이 고인의 뇌를 해부학적으로 분석해보니 보통사람과는 다른 특이한 구조를 해 그의 지적 천재성이 남달랐다는 것이다. 수학적 사고와 공간지각력을 다스리는 뇌의 부위가 보통사람보다 15퍼센트쯤 큰 그 특이함 때문에 외계인이라는 아름다운 오해를 받은 것이다.

아인슈타인의 타고난 천재성처럼 인간탄환으로서 타고난 천재성을 우사인 볼트에게서 발견하고 나는 그의 열렬한 팬이 되었다. 볼트의 나라 자메이카를 아프리카로 잘못 아는 사람이 많지만, 볼트 때문에 관심을 갖게 된 자메이카는 슬픈 역사를 지닌 눈물의 땅 아메리카다.

1494년, 콜럼버스가 인도로 알고 두 번째로 상륙한 나라가 자메이카였다. 나침반이 고장 나 아메리카가 엉뚱하게 '서인도제도'가 되고 만 곳이다. 인디언이 평화롭게 살던 자메이카는 스페인 식민지가 되었다. 그러다 다시 영국 식민지가 되고 끝내 노예무역의 현장이 되고 말았다. 오늘날 거의 모든 흑인 주민은 그때 잡혀 온 아프리카 노예의 후손들이다. 아프리카에서 노예를 잡아올 때 사탕수수 농사를 위해 특별히 건장한 사람들만 골라왔다고 한다. 그 덕분(?)에 후예들이 몸이 튼튼하고 운동실력이 뛰어나 볼트 같은 사람이 태어난 것이다. 웃어야 할까? 자메이카 여자 육상선수들도 볼트 못지않다. 지금은 영국연방 내 독립국으로 영어를 쓴다.

특유의 느릿한 번개세리머니를 하는 볼트는 피나는 마지막 골인도 항상 느릿하게 한다. 남들은 44걸음이지만 41걸음으로 100미터를 달린 볼트는 조롱하듯 옆 선수에게 슬쩍 눈짓까지 하며 여유를 부린다. 그런 볼트이지만 재미있게도 동물과 비교하면 웃음이 난다. 아무리 땅에서 제일 빠른 사나이라 해도 시속으로 치면 38km에도 못 미치니, 시속 104km 치타에게는 물론 시속 64km 타조에게도 진다. 코요테가 시속 45km 정도라 볼트가 추격 가능한 동물쯤 된다고 하나 위험한 순간 속도가 70km로 상승하는 코요테에게도 필패한다. 겨우 찾아낸 동물이 시속 35km

정도의 단봉낙타인데, 볼트가 열심히 뛰면 이길 수 있을 듯도 하단다.

2018년 마지막 런던 트랙에서 근육에 쥐가 나 넘어진 볼트에게 세계는 끝까지 트랙을 지켰다고 힘껏 손뼉을 쳐주었다.

인간은 모두 별에서 온 지구 특파원이라고 한다. 모두가 귀한 존재다. 그중에 볼트 같은 괴물이 나오고 아인슈타인 같은 외계인도 나온다. 지구촌에 가끔 나타나 깜짝 뉴스를 전하는 이 괴물 특파원들은 아마 훨씬 먼먼 별들에서, 아니 아무도 모르는 깜깜 우주 어딘가에 있는 예쁜 별들에서 사뿐 뛰어왔으리.

짝짝 지지배배

열 살 안팎 무렵 나는 이상한 걱정 하나를 안고 끙끙댔다. 우리 동네 신작로를 가끔 키 큰 서양 사람들이 지나다녔는데, 그들이 하나같이 똑같이 생겼기 때문이다. 분명히 사람은 다른데 얼굴이 같으니, 생각하고 생각해도 이상하고 이상했다. 대체 저런 사람들은 서로 어떻게 구별하며 살지? 어린 철학자는 이 난제를 아무에게도 묻지 않았다.

세월이 흘러 고독이 치료되었다. 어른들이 말하기를 아이들은 크면 저절로 뭐든 안다고 했는데, 역시 세월이 저절로 알게 해주었다. 세월 속에서 저절로 알게 되는 것은 걸음은 느리나 뿌리는 튼튼하다.

세상일은 쉽게 말해, 무엇이든 알면 쉽고 모르면 어렵다. 5리에 걸쳐 깊은 안개가 끼어 앞을 분간할 수 없다는 오리무중(五里霧中)의 일도, 알고 나면 옆에 있는 하찮은 것일 때가 많다.

알면 쉬운 외국어도 모를 땐 짹짹 지지배배 새들의 말로 들리고, 깊은 아름다움을 지녔다는 아라비아 문자도 아기가 그린 장난그림으로 보인다. 내게 와서 내 것이 되지 못하면 모든 게 오리무중이다.

사람에게는 선천뇌가 있어 하는 만큼 무엇이든 할 수 있다고 한다. 아인슈타인도 평생 자기 뇌의 십 퍼센트밖에 못 썼다고 하니, 깜깜한 세계를 그냥 던져두고 사는 게 아닌가 싶어 분발심이 일어난다. 사람이 만약 뇌를 백 퍼센트 완전하고 온전하게 이용한다면 우주와 통하지 못하는 것이 없게 될까?

오늘 아침 창가에 까치가 깍깍 경쾌하게 울고 갔는데 내가 모르는 무슨 말을 하고 가지 않았을까? 지난여름 뻐꾸기도 뻐꾹뻐꾹 깊은 사연이 있는 듯 울며 지나갔는데, 뭘까? 사람은 새가 열심히 '말하는' 것을 새가 운다고 한다. 그냥 지저귄다고 한다.

모르는 외국어가 뜻 없는 중얼거림처럼 들리듯 저 예쁜 새들이 하는 말을 그냥 지저귄다고 하니, 시간이 얼마나 흘러야 저들이 내게 올까. 저들을 미물이라고 낮춰보고 언어가 없다고 깔보는 것은 아직 우리 뇌가 덜 깨어났기 때문이려니 싶다.

내가 옛날에 외국 사람들은 다 똑같이 생겼다고 생각한 것은 아직 성장하지 못했기 때문이니, 인간의 뇌가 완전히 깨어나 온전히 성장하는 때가 오면 저 새들의 지저귐을 알아듣는 날이 올까? 저들의 지저귐이 지금은 오리무중이지만 깨어 일어나 알게 되면 참 쉬운 말을 예쁘게도 하는구나, 놀랄지 모른다. 오랜 세월 저들이 잘 살아온 것은 저들에게 '말'이 있어서일 거라고 나는 확신한다.

초등학교 시절 교실 뒤편 게시판에 있던 개구리 발달단계 사진은 지금 생각해도 놀랍다. 작디작은 알이 뭔지도 모를 두루뭉술한 모양으로 바뀌더니, 점점 또 무슨 모양이 되더니, 진짜 개구리가 되었다.

인간은 아직 다된 개구리가 아니라 덜된 개구리가 아닐까? 그러니 그 영롱한 새들의 언어를 그냥 짹짹이니 지지배배니 하고 뭉뚱그리지 않는가. 만물 중에 으뜸이라는 인간이 진정 만물이 뭔지 모를진저.

지지배배 짹짹 저 새소리를 알아듣는 날이 인간이 완전히 인간이 되는 날일 것이라고, 세월이 자꾸 흐르면 그렇게 될 것이라고, 나는 또 동화를 쓴다. 인간의 귀가 제대로 열려 저 지저귐이 지구 반대편 사람들이 쓰던 외국어에 지나지 않는다는 것을 알고 흥분하는 날이 오기를 고대한다. 아침 나무에 날아와 짹짹거리는 새들의 말은, 지지배배 떠들어대는 뒷동산 새들의 말은, 몰라도 사랑스럽다. 몰라도 평화롭다.

모르는 외국어도 지지배배 짹짹 새들의 노래처럼 아스라하다. 그러나 남의 일을 제대로 알지도 못하면서 짹짹 지지배배 한다고, 짹짹 지지배배 해서는 안 될 일이다.

고흐는 알까

수화(樹話) 김환기의 미술작품이 85억 원에 낙찰되어 화제를 낳았다. 2018년 5월 홍콩에서 열린 옥션에서 우리 미술품으로는 최고가를 받은 것이라고 흥분한다. 전면이 붉은색 점으로 된 이 추상화는 희소성과 완성도에서 높은 점수를 받은, 수화가 세상을 뜨기 2년 전인 1972년 작이다. 이 전면점화(全面點畫) 작품은 수화가 기량의 절정을 이뤄 완성해낸 완전한 추상세계로, 얼른 보면 큰 색종이 같지만 자세히 보면 아름다움과 치열한 예술성이 느껴진다.

인생은 짧고 예술은 길다고, 짧은 인생이 남겨놓은 위대한 예술품이 시공을 넘어 인간 보편성을 울린다. 그런데 그 감동의 대가가 상상할 수 없는 높은 가격으로 거래되는 이 현실이 이해되기도 하고 안 되기도 한다. 자본의 논리가 예술의 논리를 너무 뛰어넘는 것이 아닌가 싶어서다.

문득 세상에서 가장 비싼 그림을 그렸으나 세상에서 가장 가난하게 살다간 '고흐'가 떠오른다.

네덜란드 화가 빈센트 반 고흐(Vincent van Gogh 1853~1890)는 살아생전 한 점 그림밖에 팔지 못한 극빈의 무명 화가였다. 뒤늦게 발견한 예술성으로 그는 지금 세상에서 가장 비싼 그림을 그린 사람이 되어있다. 생전 무명의 인물이 사후 불멸의 영웅이 되는 경우는 많이 있다. 우리나라 화가 이중섭이나 박수근도 그렇지만 다른 분야에도 많다.

역사를 돌아보면 선지자는 늘 쫓겨났다. 시대에 쫓겨나고 자리에서 쫓겨났다. 종교적 예언자나 과학자 예술가 등 시대를 앞서가는 사람들은 시대와 친하지 못했다.

고흐는 치열하게 그림을 그렸다. 가난 때문이기도 하지만 뿜어오르는 열정을 감당할 수 없어서였다. 27세에 그림을 그리기 시작해 세상을 떠나는 37세까지 2,000점 넘게 그렸으니, 매일 하루 종일 그림만 그렸다고 볼 수 있다. 가난과 병마 속에서 매달린 것은 그림뿐이었으나 세상은 알아주지 않았다. 그러나 마침내 그 열정과 기예가 세월을 뚫고 나와 '고흐'라는 명품 마그마를 만들어냈다.

나는 고흐의 '해바라기' 그림을 아주 좋아한다. 태양을 좋아하는 고흐는 태양을 닮은 해바라기를 미치게 그렸다고 한다. 하도 해바라기를 그려대 경쟁자인 고갱이 「해바라기를 그리는 반 고흐」라는 작품을 남겼을 정도다. 고흐가 직접 그린 「꽃병에 꽂힌 해바라기 열다섯 송이」는 세상에서 가장 비싼 그림의 하나로 내가 진품을 볼 날을 고대하는 작품이다. 1987년 런던 크리스티 경매에서 일본 야스다 화재 해상보험 회장인 고토 야스오에게 팔려 이 회사 미술관이 소장해 있다.

고흐는 알까?

살아 가난했지만 죽어 부자가 되어있는 사실을. 아니 생전 핍박받다 사후 영웅이 된 모든 사람, 정말 그들은 이 사실을 알까 모를까? 고흐는 돈이 필요해 그림을 그렸지만 돈이 넘치는 이 현실을 어찌 알겠는가. 아는 사람은 현실을 사는 현재의 우리다.

인생은 현실이다. 오직 살아있는 것만이 진리이고 진실이고 아름다움이다. 모든 것은 살아있는 것의 힘이다. 그렇다면, 작가는 사라지고 작품은 남아 천문학적 부가 되는 이 현실을 어떻게 말해야 하나. 김환기의 작품도 마찬가지다.

예술이란 본디 그런 운명을 타고나는 것일 것. 그래서 예술은 시대를 초월하고 시대를 초월해 완성을 거듭해가는, 인생보다 긴 것이라고 했다. 현실에서 빛을 발하며 현실의 부를 쌓아가는 작가도 많지만, 세월 속에서 새로 만들어지고 새로 평가받는 것이 예술의 무한자본일 것이니, 그걸 시대가 잘 알아채는 것이다.

고흐는 부자가 된 자신을 모르지만 살아있는 우리는 부자가 된 고흐를 안다. 그림에 미치고 삶에 미쳤지만 끝내 그림에 대한 순정을 버리지 않은 고흐는 마침내 세상을 향해 징소리를 냈다.

거칠고 울퉁불퉁한 붓질로 된 역동적인 표면의 그림은 고흐가 만든 불멸의 가치이고 불멸의 부(富)이다. 불멸의 이 미적자산이 현실에서 자본이 되었다. 자본은 때로 아주 정직한 지표이기도 하다. 고흐는 모르지만, 고흐처럼 될 수 있는 것이 무엇인지 우리는 안다.

딴 세상 이야기

어떤 평론가 한 분이 내 수필작품을 평했는데, 뜨악했다. 딴 세상 이야기 같았기 때문이다. 내 글과는 거리가 먼 곳에서 홀로 잔칫상을 차린 게 아닌가 싶었다.

그런데 한참 지나 생각하니 그것도 아니었다. 그럴 수도 있겠구나. 해석의 땅은 무한히 넓은 것이니, 내가 아는 내가 진짜 내가 아니고 남이 아는 내가 진짜 나일지 모르는 일 아닌가.

살아간다는 것은 남에게 딴 세상 이야기를 듣는 것이다. 나를 만든 것은 나이지만 나를 이야기하는 것은 남이다. 사람은 우물 바깥에서 딴 세상 이야기를 들어봐야 키가 자라고 마음이 자란다고 한다. 세상이 무질서하고 무관심한 듯해도 세상의 눈은 때로 아주 엄정하다.

그렇지만 이참에 내가 하려는 딴 세상 이야기는 그런

무거운 이야기가 아니다. 경쾌하고 재미있는 딴 세상 이야기 하나를 하려고 운을 떼었다.

텔레비전에서 뉴스를 보다 '어서와 슈서방!'이라는 제목을 보고 눈을 크게 떴다. 뭔 말인가? 어머나, 세상에 이렇게 재미있는 이야기가 있다니. 독일 총리를 지낸 슈뢰더라는 사람과 우리나라 여성 김소연이 곧 백년가약을 맺는다는 것이다. 74세 게르하르트 슈뢰더가 47세 김소연을 찾아 동방예의지국인 우리나라에 와서 곧 사위가 될 발표를 할 것이라 한다. 다정하게 포옹한 사진을 잠깐 비추면서 "김 씨는 주관이 뚜렷하고 내가 이상형으로 생각하는 모든 것을 갖추었다"고 한 슈뢰더의 사랑고백도 비추었다.

슈뢰더 전 총리와 김 씨는 3년 전 어느 국제회의에서 김 씨가 통역을 맡으며 가까워졌다고 한다. 짜르르했다. 혹 슈뢰더가 미처 하지 못한 말을 김소연이 날렵하게 알아채고 충분하고도 만족스럽게 통역해주지 않았을까? 찰나 슈뢰더의 마음이 김소연에게 화살같이 날아가지 않았을까?

'네, 사랑입니다(Ja, es ist Liebe)'라고 세상에 알린 그들의 관계는 분명 사랑으로 보인다. 사랑 이외에는 아무것도 없어 보인다. 슈뢰더 전 총리는 현재 컵프라는 이름의 네 번째 부인과 살고 있으나 곧 헤어질 것이라 한다. 슈뢰더와 김 씨는 꼼짝할 수 없는 사랑에 빠졌고 이제 그 사랑을 실천하려 하는 것이다.

그들이 선택한 이 자유를 아무도 나무랄 수 없다. 사랑은 모든 것을 무너뜨리고 모든 것을 세우니 오직 사랑이라는 그 이름이 빛날 뿐이다. 이 세상은 남자와 여자의 사랑으로 이루어지고, 그 사랑이 우주를 만들고 만물을 만든다.

사람은 누구나 한때 사랑에 빠진다. 한 번도 사랑에 빠져본 적이 없다고 하는 사람을 나는 믿을 수 없다. 몸에 균이 들어와 심히 앓는 사람도 있고 그냥 슬쩍 지나가 모르는 사람도 있을 것이다. 사랑의 균이 몸에 들어왔으나 그냥 지나가버렸다면 나는 그의 건강을 그다지 좋게 보고 싶지 않다.

나팔꽃보다 더 짧다는 그 사랑을 지니고 천지를 짊어진 듯 앓아보아야 건강한 사람이 된다. 그렇게 앓아야 딴 세상이 보인다. 그 딴 세상이야말로 우주보다 넓은 세상이다. 사랑에 빠지면 세상과 사람이 달라진다. 표정 하나 숨소리 하나 행동 하나에 우주적 해석이 곁들여지니, 내가 지금껏 '사랑' 이외의 어떤 것에도 과잉해석을 하고 싶지 않았던 이유이기도 하다.

나는 이것을 삶의 아름다운 징검다리라고 생각한다. 어느 날 느닷없이 찾아오는 이 징검다리의 얼굴을 미리 아는 사람은 없다.

긴 생머리를 한 한국의 재원 김소연에게 슈뢰더가 이제 마지막 사랑 이야기를 했으면 좋겠다. 그가 몇 번째 부인이 된다는 이야기는 알고 싶지 않다. 그들을 야릇하게 볼 필요는 더욱 없다. 지금 그들은 더없는 삶 속에 있다. 사랑이라는 빛나는 이름에 맞게 끝까지 아름다운 딴 세상 이야기나 할 수 있었으면 한다.

만 권의 책

떠나라, 만 권의 책으로 돌아오라. 성을 쌓는 자 망한다.

여행은 돌아와 만 권의 책을 읽은 그득함을 주고, 내 안에 쌓인 성을 허물게 하는 짜릿한 방편이 된다.

가고 싶은 곳이 있다는 것은 나를 행복하게 하는 당신이 그곳에 있다는 것이다. 지구본을 돌리면 그런 당신이 곳곳에 있다. 가고 싶은 곳은 다른 말로 가지 않은 길이다. 인생은 가지 않은 길을 바라보며 한숨짓는 것이라 하지만, 여행은 가지 않은 길을 찾아나서는 또 다른 인생길이다.

여행이 호사부리는 일만은 아니다. 한 번 떠나기가 쉬운 일이 아니다. 만 가지 사정이 허락해줘야 한 번 떠남이 온다. 옛날에 비하면 시간이 남아도는 것 같지만, 쉰

살에 쉰 가지 일, 예순 살에 예순 가지 일이 생기는 것이 인생이라 하니, 나이 들수록 일상은 더 바빠진다. 흔히 4대가 편해야 한 번 떠날 수 있다고 친구들끼리 농담을 한다. 부모와 우리, 그리고 자식과 손자, 우리 대부분은 지금 이 징검다리에서 살아간다.

밥 먹는 모임에서도 분위기가 무르익으면 곧잘 여행이야기가 나온다. 밥을 함께 먹으며 따뜻한 감정을 느끼면 자연스럽게 어디론가 떠나고 싶어진다. 어디론가 가고 싶다는 것은 어딘가에 본향이 있다는 말 아닌가. 어디서 와서 어디로 가는지 모르는 인생길에서 인간은 본능적으로 '그곳에' 가보고 싶어 한다.

그러나 이런 어려운 말보다 눈앞에서 나를 유혹하는 참 쉽고도 현실적인 말이 있다. 귀를 솔깃하게 한다. '다리 떨릴 때보다 가슴 떨릴 때 떠나라!'

지금 내 가슴은 떨린다. 아직 다리는 떨리지 않는다. 떨리는 가슴을 빌미삼아 언제 어디든 떠날 수 있다. 떠나지 않으면 그곳이 궁금해 못 견디겠다. 이성은 투명하되 얼음과 같으며 지혜는 날카로우나 갑 속에 든 칼이라고, 오직 청춘의 끓는 피만이 가슴을 뛰게 하노니, 지금 내 귀에 그 청춘의 끓는 피 소리가 들린다.

그러나, 'covid19'라는 이름도 얄궂은 역신(疫神) 앞에 우리는 모든 것을 멈췄다. 아주 평범한 일상의 모든 것을. 눈에도 보이지 않는 작디작은 그것이 눈에 보이는 큰 것들을 무조건 꿇어앉히는 지금, 끓는 청춘의 피가 무슨 소용이 있으랴. 사람과 사람이 만나 이야기하고, 웃고, 어디론가 가고, 뭐 이런 조그만 일마저 못하게 하는 이 질투심 만발한 역신이 대저 인간에게 무슨 조공을 바라는지 모르겠다.

삶에는 그래도 반전이라는 게 있다. 마침내 그 반전의 때가 왔다. 진짜 만 권의 책을 읽을 때가 온 것이다. 여행을 통해 세상을 읽는 만 권의 책도 좋지만, 조용히 집에 앉아 놓쳤던 책들을 뒤지기에는 지금보다 더 좋은 때가 없다. 코로나라는 왕관을 쓴 역신의 폭거에 인간이여 만 권의 책을 들고 항거하자. 코로나, 네가 떠나고 나면 '집콕' 했던 우리는 한층 단단하고 우아해진 모습으로 너를 팍 무시하며 살 거다.

4

가을바람에 읊나니

메모랜덤

소설가 신경숙의 표절(剽竊) 문제로 문학계가 시끄럽다. 안타깝고 놀라운 일이다. 우리나라 일류소설가의 글에 일본소설가의 글을 그대로 베낀 듯한 문장이 보였으니, 착잡하다.

글 쓰는 사람은 누구나 '메모'라는 것을 한다. 신경숙 소설가도 열심히 한 메모 때문에 자기도 모르게 제 것으로 알고 썼을지도 모른다는 동정이 없지 않았으나, 억지였다. 본인도 마침내 인정했다. 그러면서 남긴 말이 짧은 소설 같았다.

"절필은 못 할 것 같다. 발표하지 않고 항아리에 넣어두더라도 내 책상으로 돌아가겠다."

문득 '항아리'라는 말이 신선하게 들렸다. 항아리는 말도 예쁘고 모양도 예쁘다. 상징성도 예쁘다. 뭔가 잔뜩 넣어 갖고 있는, 때로는 텅 빈 모습으로 뭔가를 기다리는, 고요하면서도 꿈틀거리는 숨결이 느껴진다.

신경숙이 항아리에 완성된 작품을 넣어두고 싶다면, 나는 완성을 향해 가는 귀한 '메모'들을 내 항아리에 가득 넣어두고 싶다.

나의 메모들, 항아리 가득한 나의 메모들!

메모(memo)는 메모랜덤(memorandum)의 준말로, '잊지 않기 위해 간략하게 요점을 적어두는 일'이다. 무엇을 구매하는가를 보면 그 사람의 성향이나 수준을 알 수 있다고 하듯, 무엇을 메모하느냐에 따라 그 사람의 관심사와 지적능력을 가늠할 수 있을 것이다. 그런 뜻에서 메모는 또 하나의 작품일 수도 있겠다.

누군가는 역설적으로 메모를 '잊기 위해서' 한다고 했다. 메모는 어쨌든 지금 잊고 다음에 기억하려는 것이다. 다음을 위해서, 도저히 버릴 수 없는 사랑 때문에, 메모라는 작품을 나는 하루에도 수없이 쓴다.

탁 머리를 스치는 섬광 하나를 무엇으로 잡겠는가. 세상에 날아다니는 수많은 정보 중에 딱 걸려드는 나만의 그것을 어떻게 잡을 수 있겠는가.

다산 정약용 같은 천재도 "쉬지 말고 기록하라, 기억은 흐려지고 생각은 사라진다. 머리를 믿지 말고 손을 믿어라"고 메모를 강조했다.

메모는 그렇게 머리보다는 손을 믿어야 탄생한다. 길을 가다가 언뜻 떠오른 그것을 게으름 피우다 영원히 사라지게 할 수 없다. 잠자리에 들었는데 얄밉게도 기발한 무엇이 아른거리면 벌떡 일어나야 한다. 그것들은 때를 놓치면 돌아오지 않는 냉혈한이다. 철저히 일회성 생명이다. 두 번 다시 돌아오지 않는 고고한 사랑 같은 것이다. 다시는 오지 않을 그 사랑을 붙잡으려 나는 오늘도 '감나무 잎'을 찾는다.

감나무 잎은 고대인들이 하던 메모장이었다. 종이가 없던 시절 그들은 농사를 짓다가 '생각'이 떠오르면 얼른 감나무 잎에 적은 뒤 밭두둑 항아리에 담아두었다고 한다. 감나무 잎이 두껍고 넓어 그리했을 것이다. 이런 내용의 글을 어디선가 읽다가 나는 눈을 감았다.

『열하일기』를 쓴 연암 박지원에게도 동이(盎) 속 잎사귀에 적은 메모라는 뜻의 「앙엽기(盎葉記)」가 있었지. 1780년, 꿈에 그리던 청나라에 온 연암은 신천지를 호흡하며 놀란 가슴을 억누르기 바빴다, 그러나 그에게는 아무리 바빠도 필수 휴대품인 붓과 종이가 있었다. 훗날 종이에 대충대충 써놓은 붓글씨를 보며 종이 쪼가리가 나비 날개폭 같고, 글씨는 파리 대가리만 하다고 한탄했지만, 위대한 글은 그 쪼가리 감나무 잎에서 태어났다.

떠오르는 기발한 착상뿐 아니라 놓칠 수 없는 남의 좋은 글도 훌륭한 메모감이 된다. 하늘 아래 새것은 없나니 남의 좋은 글도 잘 빌려 새롭게 내 우물이 되게 해야 한다. 세상의 모든 창조는 모방에서 오는 것, 문제는 잘 모방하는 것이다. 아인슈타인도 천재는 남의 것을 내 것으로 만드는 능력이라고 말한 적 있다. 이 말은 중요하다. 내 것으로 만드는 능력이 있어야 하늘 아래 새것처럼 창조할 수 있다. 당연히 그대로 베껴서는 안 된다. 너에게서 영감을 얻어 나의 영감을 만들어야 한다. 그것은 '새'것이다. 신경숙의 문장은 새것이 아니었다.

글이 안 풀릴 때마다 나는 메모장을 뒤적인다. 잘 투자한 백그라운드다. 항아리를 열어보면 수많은 감나무 잎들이 쉬고 있다. 지금부터 나는 그들을 깨워 일으켜야 한다. 그들은 언제 어떻게 일어날지 모른다. 아무리 두들겨도 안 일어나는 것이 있고, 눈길만 주어도 벌떡 일어나는 것이 있다. 이들이 일어나 터주는 길을 따라 나는 지금부터 나만의 길, 오직 나만의 길을 간다.

꽃, 그 묵시적 청탁

베란다에 살짝 들어온 햇살에 행복이 스친다. 흐르는 강물은 둑을 막아 머물게 할 수 있지만, 흐르는 세월은 아무리 막아도 소용없다. 끝없이 흐르고 속절없이 가는 것이 세월이라 또 겨울이 가고 봄이 온다. 포근한 한 줄기 바람과 따스한 햇살 한 줌에 마냥 행복해하는데, 베란다 빨랫줄에서 보송보송 햇살 머금은 빨래들도 행복하다고 말한다. 인간의 행복은 자연에 있고, 내 삶의 행복도 자연에 있다. 계절이 오가는 이 길목에서 나는 지금 실눈 사이로 들어오는 봄의 따사로움에 한껏 들뜬다.

'나의 취미생활'에 대해 '꽃 타령'을 해보기로 했다. 모임을 하나씩 정리해가는 이 마당에 하필이면 얼마 전 모임 하나를 새로 만들었는데, 이름이 '꽃님들'이다. 순전히 '꽃' 때문에 일을 저질렀다. 꽃이 부르면 무조건 달려가자는 철칙을 만들었으니 꽃 바람둥이가 되기로 작정한 것이다.

철마다 피어나는 '고분 꽃'에 정신이 아뜩하고, 그 꽃 때문에 나는 늘 세상을 초월하는 척한다. 자연의 꽃밭이여! 이제 다시 너의 들판에서 행복한 철학자가 되고 예술가가 되리.

글을 쓰는 지금 창 너머로 목련이 핀다. 개나리·진달래·벚꽃이 곧 올 것이다. 시집간 딸이 아기 안고 문을 들어서는 것만큼이나 올해도 이것들은 반갑고 사랑스러울 것이다. 그러면서 나는 이 봄에 꼭 조팝나무꽃, 붉은병꽃나무, 금낭화를 찾아 나설 것을 잊지 않는다. 어느 들녘에서 이들을 처음 만났을 때, 좋아하는 사람을 만난 것처럼 가슴이 철렁 내려앉았던 기억을 잊을 수 없어서다. '좋아한다'는 것은 아무리 따져 봐도 알 수 없는 일, 꽃아! 너도 그렇다.

피지 않았을 땐 노심초사 더디 핀다 싫어하더니
한창 피고 나면 전전긍긍 다시 질까 걱정이네.
이제야 알겠네, 소옹이 사물의 이치 꿰뚫어 보아
반쯤 피었을 때만 꽃구경했다는 것을.

\- 유숙기

중국 송나라 학자 소옹(邵雍)이 '好花看到半開時(호화간도반개시) 좋은 꽃은 절반쯤 피었을 때 본다'고 노래한 것을, 조선 숙종 때 학자 유숙기(兪肅基)가 다시 받아 지었다. '반쯤 핀' 꽃만 구경한다고? 소옹이 사물의 이치를 꿰뚫어 보아 '뭐든 조금 부족할 때가 가장 좋은 때'라고 노래한 것을, 유숙기가 다시 꿰뚫고 그 말을 받아 춤을 춘 것이다. 욕망과 욕망이 각축하는 삶의 들판에서 초연히 한 수 던지는 꽃아!

수석에 빠져 허우적대는 어느 문우는 음악·미술·문학보다 자연과 직접 몸을 섞는 수석이 예술 중의 예술이라고 불을 뿜는다. 나는 꽃이라고 우겼다. 어떤 예술도 꽃만 한 것이 없다고. 자연이 만든 최고의 예술품은 꽃이라고, 그래서 나는 글을 쓰면서 늘 꽃을 생각한다. 얕은 것을 무겁게 말하는 것을 하수(下手)라 하고, 깊은 것을 경쾌하게 말하는 것을 고수(高手)라 한다면, 깊고 경쾌한 것에 꽃만 한 고수가 있을까? 꽃은 나의 글 선생님이다.

꽃을 좋아하는 내게 어떤 사진작가가 꽃 사진을 싫도록 보내온다. 꽃 사진은 꽃이 아니다. 꽃은 들판에서 보아야 한다.

일본의 100세 시인 도요 할머니가 '햇살과 산들바람은 한쪽 편만 들지 않아'라고 노래했듯이, 한쪽 편만이 아닌 햇살과 산들바람 속에서 보아야 꽃이다. 그래서 '꽃님들'이 생겼다.

세상에 요상한 말 하나가 나타났다. '묵시적 청탁'이라는 말이다. 말은 하지 않지만 속으로 기심(機心)을 가지고 서로 이익을 꾀한다는 것으로, 나쁜 뜻으로 쓰인다. 그런데 문득 내 눈에 이 자연에도 묵시적 청탁이 오가는 것이 보인다. 다만 기심이 아니라 무심으로. 무심(無心)은 기심(機心))의 반대다. 때가 되면 무심히 계절이 와 무심히 계절의 꽃이 피어나니, 계절끼리 미리 은밀히 해놓은 청탁이 있기 때문이 아닐까? 봄 가고 여름 오면 또 묵시적 청탁으로 내가 좋아하는 접시꽃이 필 것이다.

늦여름

늦여름 햇살이 찌르르하니 새삼 자연의 아름다움이 가슴을 친다. 무심하기도 하고 무정하기도 하면서 온갖 정(情)을 다 품은 것이 계절이라는 자연이다.

낮은 더워도 밤은 서늘해지는 좋은 계절에 이르렀다. 옛날 같으면 이맘때가 다 방학인데 요즘은 서둘러 학교들이 2학기를 시작한다.

며칠 전 아파트 담장 옆을 지나다 가슴이 쿵하는 장면을 만났다. 줄지어 선 푸른 감나무들이 여름 내내 매미를 짙푸르게 울어쌓게 하더니, 불그스레한 감 하나가 툭 얼굴을 내미는 게 아닌가. 아! 가을.

입추도 지났고 처서도 지났으니 그야말로 차근차근 계절이 가을을 향해 나아갈 때다. 이런 것 다 알면서 놀라다니. 이미 수십 년을 겪어 때가 되면 자연스레 계절이 흐르는 것을 알고도 남으면서 번번이 이 지식엔 낭패를 본다.

이제 알았다.

사람이 자연 앞에서는 어린아이가 된다는 그 말을. 자연의 경이로움과 거대함 앞에서 인간이 어린아이처럼 작아진다는 것이 아니라, 인간은 자연이 주는 놀라움 앞에서 언제나 어린아이처럼 새로 태어난다는 것을. 인간은 자연 앞에서 늘 새로 태어나는 새싹이다.

계절은 마냥 습관대로 흘러가건만 인간은 그때마다 놀라야 하니, 어느 시인은 이렇게도 노래했다. '때마다 고와지는 것을, 날마다 아름다워지는 것을, 못 보면 당달봉사다.'

계절이 바뀔 때마다 인간은 첫사랑을 한다. 길을 가다가 사람들이 "아침저녁으로 선선한 바람이 분다." 하고 수군거리는 말을 들었다. 이런 말은 수십 년 수백 년 아니 수천 년을 되풀이했지만, 지금 그 말을 하는 사람의 가슴에는 첫사랑 감격이 솟아날 것이다.

잠깐 늦여름이 머무는 이때, 매미들의 울음은 여물어졌고, 잠자리들의 날갯짓은 경쾌해졌다. 나무들은 마지막 초록을 입고 점잖이 서 있다. 여름 꽃밭에 있는 벌개미취는 가을 꽃밭에 있을 쑥부쟁이와 다르게 보이려고 애쓴다.

늦여름의 아름다움은 참으로 오묘해 저것을 어떻게 밝힐까 쓸데없는 걱정을 하게 한다. 막 다가오고 막 끝나가는 이 길목의 고요한 떨림을, 마침내 마지막 떨고 있는 그 고비를, 내 가슴의 행복만으로도 그 사랑의 값어치는 다 치른 것이려니 싶다.

어떤 사람은 가을도 아니고 여름도 아닌 어정쩡한 이 늦여름을 건들건들 지나가는 계절이라고 낮춰보기도 한다. 하나 잠깐 머무는 이 늦여름은 아주 작은 차이로 초가을과는 다른 느낌을 준다. 그야말로 한 끗이다. 한 끗은 티끌 같기도 하지만 바다 같기도 하다. 이 세상 모든 변화는 이 한 끗에서 온다. 한 끗이 모자라 천하를 놓친 영웅도 있고, 한 끗이 모자라 명품이 되지 못한 평범한 물건도 수두룩하다. 가을걸음이 살며시 더디게 여름 자락에 몸을 숨기는 이 늦여름 한때, 한 끗 찌르르한 무엇이 나를 한없이 황홀하게 한다.

인간은 하루도 욕망에서 벗어나 살 수 없는 존재다. 하나의 충족은 또 하나의 결핍을 가져오고, 그 반복되는 굴레에서 벗어나지 못한다. 아무리 높이 올라도 인간의 욕망에는 꼭대기가 없다. 바다가 말라도 인간의 욕망은 마르지 않는다. 그런 인간에게도 뭔가 답은 있어야 한다. 자연 앞에서 잠시 나를 버려보는 것, 한 숨도 머물지 않고 흘러가는 저 계절이라는 자연에 깊이 젖어보는 것, 그리하여 해탈 같은 것을 느껴보는 것이다.

늦여름 가면 이제 구절초 피는 가을이 온다.

나의 예쁜 꽃 구절초, 네가 있어야 가을이다. 그 가을이 오려고 늦여름이 살짝 고이 찌릿찌릿 내 앞에 머문다.

가을바람에 읊나니

아! 가을인가, 가을인가 봐.

이 심호흡 같은 감탄사를 경남 합천에 있는 해인사 '소리길'에서 실컷 토해보았다. 천년고찰 해인사가 만든 소리길은, '소리(蘇利)'라는 불교용어에도 맞게 '극락으로 가는 길'을 속세에 일러준 곳이다. 종교가 없어도 이 길은 스스로 극락이었다. 저절로 별유천지비인간(別有天地非人間)이었다.

약 1150년 전, 신라 말기의 최치원은 열두 살에 당나라 유학길에 올랐다. "10년 안에 급제를 못하면 내 아들이 아니다"는 아버지의 절규를 안고 허름한 배에 몸을 맡긴 그는, 6년 만에 빈공과 장원급제를 했다. 빈공과는 외국인이 치르던 과거제도로, 당나라 유학을 통해 6두품에서 신라의 중추세력으로 발돋움하려는 간절한 소망이 거기 있었다.

장원급제를 했으나 외국인이라는 이유로 최치원은 합당한 대우를 받지 못했다. 그러던 중 일대 사건이 일어났다. 작은 신라가 큰 당나라를 흔들어놓은 일로, 「토황소격문(討黃巢檄文)」 탄생이 그것이다. 격문(檄文)은 적군을 달래거나 꾸짖기 위해 널리 세상에 알리는 글을 말한다. 당나라 말기에 일어난 황소(黃巢)의 난은 뜻밖에 20대 초반의 최치원에게 일생일대의 명문을 안겨주었다. 토벌총사령관 고변장군의 수하로 명을 받들어 지은 최치원의 격문은, 세상을 흔들고 수괴 황소를 흔들었다.

'…천하의 사람들이 너를 공개처형 하고자 할 뿐 아니라, 지하의 귀신들도 은밀히 죽이려고 이미 의논했다…'

이 구절을 읽다 황소는 놀라 침상에서 굴러떨어졌다고 한다. 황소뿐 아니라 당(唐)이라는 나라도 이 빼어난 글에 놀라 떨어졌다.

당나라에 20년 가까이 머물던 최치원은 푸른 꿈을 안고 신라에 돌아왔다. 그러나 그를 기다린 것은 기울어가는 신라였다. 당나라에서 지은 저술들을 헌강왕에게 바치며 탁월한 문장가로 인정받았으나 골품제의 한계는 벗어날 수 없었다. 진성여왕에게 '시무책10조'를 올리며 개혁을 시도했으나 이미 왕은 힘을 잃은 때였다. 겨우 6두품 최고인 아찬벼슬을 받는 정도에 그쳤다.

난세의 당과 신라 어디에서도 큰 뜻을 펼치지 못한 최치원은 마침내 관직을 버리고 자연으로 숨어들었다. 삼천리 방방곡곡을 유람하며 곳곳에 자취를 남겼는데, 아호의 하나인 해운(海雲)을 딴 부산 해운대가 유명하다. 그러다 가족과 함께 마지막 몸과 마음을 맡긴 곳이 해인사다. 이곳에서 저술활동 등을 한 흔적은 있으나 최치원의 마지막은 아무도 모른다. 신선이 되어 사라졌다는 '우화이등선(羽化而登仙)'이라는 전설만 남겼을 뿐이다.

소리길 곳곳에는 이곳을 유람하고 스쳐간 수많은 선비의 명시들을 판에 새겨놓았다. 어디쯤에서 나는 고운(孤雲)의 시 하나를 발견했다. 우뚝 걸음을 멈추었다.

> …지척의 말소리도 분간 못하는 저 미친 물소리로 온 세상의 시비(是非)를 다 가려버렸네….

첩첩 바위 사이를 미친 듯 달려온 저 물소리가 시끄러운 세상소리를 다 막아주는구나! 그렇게 마음을 다스리던 농산정(籠山亭)이라는 조그만 정자도 그림처럼 서 있었다. 새장 '籠'자가 재미있다. 흐르는 물로 온 산을 새장처럼 에워쌌다는 뜻이다. 집에 돌아와 다시 고운(孤雲)의 시를 찾았다. 「추야우중(秋夜雨中)」이다.

> 秋風唯苦音　가을바람에 괴로이 읊나니
> 世路少知音　세상에 날 알아주는 이 없네
> 窓外三更雨　창밖엔 삼경의 빗소리
> 燈前萬里心　등불 앞에 만 리를 내닫는 이 마음

가을밤에 읊으면 딱 좋은 시다. 천 년 전 외로움에 지친 한 사람의 깊은 마음이 천 년 후 이 가을에도 스르르 다가온다. 세상에 날 알아주는 '지음(知音)'이 없어 외로운 구름처럼 살았던 고운(孤雲)의 마음을, 창밖에 비 내리지 않아도 그 마음 스산하게 헤아릴 수 있는 것은 이 가을 때문이다.

가을이라는 계절은 이상하다. 다른 계절에 없는 특별한 뭐가 있다. 해마다 돌아와도 또 한 번 무언가를 '내려놓고 생각하게' 하는 것이 가을이다. 세상의 종교인이 한 해에 한 번 성지순례를 떠나듯, 사람은 누구나 한 해에 한 번 가을이라는 성지순례를 한다. 가을엔 누구나 시인이 되고 철학자가 된다는 그 낡은 말은, 가을엔 '가을만의 무게'가 있다는 신선한 말이려니.

마음의 등불을 켜고 만 리를 달려보자. 고운의 외로움이 누구에게도 있으리니. 세상이 나를 알아주지 않아도, 내 마음 네가 알아주지 않아도, 나 또한 네 마음을 몰라도, 가을은 저기 저렇게 무심히 있는 것을.

눈 덮인 들길 걸어갈 때

눈은 내리고, 뭔가는 쓰고 싶은데 우물쭈물하고 있다. 눈 내리는 날엔 동네 강아지도 뛴다더니, 궁즉통(窮卽通) 시 하나가 튀어나왔다.

踏雪野中去(답설야중거) 눈 덮인 들길 걸어갈 때
不須胡亂行(불수호란행) 행여 아무렇게나 걷지 마라.
今日我行跡(금일아행적) 오늘 남긴 내 발자국이
遂作後人程(수작후인정) 후인들에게 이정표가 될 것이니.

독립운동가 김구 선생이 즐겨 읊었다고 하여 그의 시로 알지만, 임진왜란 때 승군이었던 서산대사의 시다. 슬쩍 대사님다운 묵직함이 느껴지지 않는가. '오늘 남긴 내 발자국이 후인들에게 이정표가 될 것이니'라는 구절에서는 더욱 그렇다.

그렇지만 내 마음이 멈칫한 곳은 '눈 덮인 들길 걸어갈 때'라는 첫 구절이다.

꽃잎 날리는 봄 길을 걸어갈 때도, 낙엽 지는 가을 길을 걸어갈 때도, 눈 덮인 하얀 길을 걸어갈 때도, 행복은 같다. 하지만 지금 이 순간은 '눈 덮인 들길'이 내 행복의 길이다. 내 환상의 길이다. '환상의 길'은 때로 대사님 같은 '교훈의 길' 못지않게 중요하다.

언젠가 강원도 산골에 눈사태가 났다고, 하루 종일 화면 가득 하얀 뉴스가 나온 적 있다. 오직 새하얗고 새하얗기만 한 그 세상은 이미 이 세상과 연을 끊었다. 뉴스도 울먹이며 소식을 전했다.

불현듯, 내 맘에 하얀빛이 일어났다. 아니 소망이 일어났다. 미안하지만 이제 나는 저 하얀 세상으로 환상의 도피를 하련다. 아마 저기가 미시령이나 한계령 어디쯤일 거야, 이보다 더 좋을 순 없다. 무작정 날아가야지. 지금 내게는 오직 그 날개밖에 없다. 그곳의 현실이 얼마나 무서울지는 나중에 생각할 일이다.

아, 사랑의 포로란 이런 것이로구나. 남이야 뭐라든지 지금 나는 저 하얀 세상과 로맨스에 빠진다. 문정희 시인이 노래한 「한계령을 위한 연가」에도 빠진다.

> 한겨울 못 잊을 사람하고 한계령쯤을 넘다가
> 뜻밖의 폭설을 만나고 싶다…

한계령의 한계에 못 이긴 척 기꺼이 묶였으면.
오오, 눈부신 고립.
사방이 온통 흰 것뿐인 동화의 나라에
발이 아니라 운명이 묶였으면…
헬리콥터가 나타났을 때도
나는 결코 손을 흔들지 않으리…
고라니나 꿩들에게 먹이를 뿌릴 때도
나는 결코 옷자락을 보이지 않으리.

눈부신 고립에 운명이 묶여, 몽롱한 로맨스에 영혼이 묶여, 마침내 시인은 애절한 시 하나를 토해냈다. 모든 연가나 예술은 로맨스에서 나온다. 로맨스가 없다면 찬란한 예술이 있을 수 있을까. 그래서 어떤 시인은 '이 무모한 사랑을 어찌 세상의 자(尺)로만 잴 것인가'라고 절규하기도 했다.

인간 세상에 영원한 사랑을 남기는 예술은 우습게도 영원하지 않은 사랑 때문이다. 영원하지 않은 사랑이 가여워서도 예술은 영원의 사랑을 남겨준다. 이런 인간에게 어찌 지척(咫尺)의 자만 필요하겠는가, 멀리 있는 환상의 자도 꼭 필요하리라.

눈 덮인 들길 걸어갈 때, 끝없는 순일함이 일어나고, 끝없는 동심이 일어나고, 끝없는 환희가 일어 고요히 행복의 발자국을 찍을 것이니. 눈 덮인 들길 걸어가다 뜻밖의 폭설을 만나면, 그냥 그렇게 못 잊을 사람 다시 만났다 생각하리. 눈 덮인 들길 걸어갈 때 문득 이 세상 잊을 것이니….

세종대왕 눈병

요즘 나는 고상한 병 하나를 앓는다. 스스로 '세종대왕 눈병'이라고 이름 붙인 내 눈병이다. 예순 고개를 넘으며 불면에 시달리다 그렇게 된 줄 알았는데, 다른 범인이 있었다.

"눈을 건강하게 타고 나셨네요. 그런데 지금 심한 안구건조증이 있어요."

안구건조증은 말 그대로 촉촉하던 눈이 메말라가는 증세다. 노화현상의 하나이나 유독 여성에게 많이 나타나는 이유는 잘 모른다고 안과의사는 말했다.

의사 말대로 나는 눈을 건강하게 타고났다. 눈이 반짝반짝 총명하고 예쁘다는 말을 자부심으로 여기며 살아왔다. 학창시절에는 안경잡이 친구들을 이해불가득으로 여기기도 했다. 깨알 같은 글씨도 콩알만 하게 읽어내고, 콩알만 한 글씨도 깨알처럼 베껴 쓰며, 그 이상한 친구들에겐 조금의 동정도 없었다.

인생사 모든 일에 자부심은 자만심을 낳고, 자만심은 문제를 부른다. 내가 '눈'을 가지고 잘난 척한 것은 아니지만 눈에 무심했던 것은 사실이다. 무심도 자만심이다. 그러기에 눈병이라는 말에 기가 좀 꺾이는 것이다.

"되도록 책은 멀리하고, 컴퓨터도 멀리하세요."

아니 내 일상 대부분이 책과 컴퓨터인데, 이참에 그런 거 집어치워버릴까? 사는 모양을 확 한번 바꿔볼까?

일상은 습관이고, 습관은 바꾸기 어렵다. 시간 나면 뭐든 읽어야 맘이 편한 내 습관은 아이들에게 좋은 교훈을 준 것 같아 흐뭇하기도 하지만, 뜻 아니게 겪고 있는 이 눈병이 일상의 재건축까지 생각하게 할 줄이야.

그렇다고 내가 독서삼매에 빠져 사는 고급 독서가는 아니다. 책보다는 창밖에 핀 꽃에 더 열광하고, 읽기보다는 떨치고 나서기를 좋아하는 낭만파이다. 그러나 아침신문이 올 때마다 두근두근 새 기사에 가슴이 넘치고, 빈 시간은 응당 책의 시간이라 여기며 책벌레인 척하는 나는 누가 뭐래도 '독서'는 내 사랑이라 부르짖는 사람이다.

나라말이 중국말과 달라 마음대로 쓸 수 없는 백성을 위하여 새로 스물여덟 자를 만들어주신 세종대왕님, 그 위대한 업적인 훈민정음은 당신의 짓무르고 짓무르는 눈의 고통 속에서 태어났습니다.

까마득히 먼 후손 하나가 가벼이 대왕님의 눈병을 사칭하는 것이 대역죄가 될지 모르나, 공교롭게도 내 눈병이 책을 경계해야 도움이 된다고 하기에 얼른 떠올린 것이 '세종대왕 눈병'이었습니다. 이 애교를 받아주시옵소서.

어쨌든 나는 책을 통하여 꿈을 꾸고 위안을 얻는다. 동서고금, 삼라만상이 걸어서 내 곁에 오는 것이 책 아닌가. 아직 읽지 못한 책들에 대한 빚도 많다. 책이 나를 향하여 '읽어주세요' 외치지 않아도 나는 그 소리를 듣는다. 무릇 세상에 태어나 다섯 수레의 책을 읽어야 한다는 '남아수독오거서(男兒須讀五車書)'라는 위대한 말도 말없이 듣는다.

읽고 싶은 책이 있다는 것은 맛있는 밥이 있는 것처럼 살맛나는 일이다. 동서양 고전이나 종교, 대하소설 등 책 읽기의 즐거움을 누리고 싶은 것은 맛있는 밥을 기다리는 것만큼이나 즐거운 일이다. 정성껏 모아둔 동시·동화책을 손자녀들에게 건네며 파릇한 새봄을 느끼는 것도 요즘 내 살맛의 하나다.

가지 않은 길에 대한 보상을 책이 아니고 누가 해주랴! 문제는 눈이다. 건강한 눈이다. '안광(眼光)이 지배(紙背)를 철(徹)하도록(눈빛이 종이를 뚫도록)' 책에 파묻히진 않아도 책 읽기는 눈한테 적이다. 눈이 가진 정령을 무심중 닳게 하는 적이다. 그리하여도 세종대왕까지 들먹이며 엄살을 피우는 나는 어서 건강한 눈이 되어 맘껏 책과 놀기만을 기다린다.

나의 필체를 말한다

글씨를 보면 그 사람이 보인다. 성격이 드러난다. 경험칙(經驗則)으로 이 잣대는 틀리지 않은 것 같다.

사람의 눈빛과 목소리와 필체는 '성형'이 안 되는 것이라 한다. 될 수도 있지만 진짜 바탕을 바꾸기가 어렵다는 뜻이다. 글씨는 노력에 따라 얼마든지 바꿀 수 있을 것 같지만, 천품(天稟)으로서의 품격은 바뀌지 않는 것 같다. 글씨에는 그런 무게가 있다.

매끈하게 하나가 된 컴퓨터 글씨가 민주주의 최고 덕목인 평등을 실현했다고 만세를 부르는 오늘, 필체가 사라져간다. 악필을 걱정하던 사람은 시대의 고마움에 춤을 추고, 반대편 사람은 '나'를 잃어버렸다고 혀를 찬다. 나는 중간쯤에 있다. 문명은 모두 사랑과 배반을 거쳐 오늘에 이른 것이니 잘 활용하는 것이 지혜일 것이다. 떡집에 온갖 떡이 다 있는데 누가 집에서 떡메를 내리치겠는가.

글 쓰는 우리 같은 사람은 안다. 빈 공책에 뭔가를 수시로 날려 쓰고, 원고지에 정서를 하고, 그것을 시지포스처럼 되풀이에 되풀이를 했는데, 이제는 그때의 그 연필 잡는 근육이 사라져가는 것을. 그 길에서 꽃피우던 예쁜 글씨의 모양도 일그러져 간다는 것을. 그래도 나는 컴퓨터 글씨의 편리함을 만끽하지 않을 수 없다. 그러면서 일그러진 내 글씨의 모양도 걱정한다. 신언서판(身言書判)의 덕목이 어찌 옛날만의 것이겠는가. 인품에서 중요한 것이 글씨다. 그 사람의 필체(書)는 그 사람을 인정하게 만드는 중요한 무기이다.

'필체'에 대해 써보라는 말은 순간 나를 기분 좋게 했다.

초등학교시절, 우리 학교는 교장선생님이 직접 한 달에 한 번 전교생 노트 검사를 했다. 그때 내가 맡아 놓고 일등을 했다. 한 번 일등이 영원한 일등이 되려는 족쇄가 되었지만 열심히 반듯하게 쓰려고 노력한 것이 빛나는 추억으로 남아있다.

내가 정말 글씨를 잘 썼던 것일까? 정성이 담긴 반듯한 글씨가 모범생의 표준 정도는 되었을지 몰라도 명필의 새싹은 아니었지 싶다.

지금의 내 글씨는 정체성을 잃고 헤매 다닌다. 내 글씨가 어떤 것인지 나도 잘 모르겠다. 글씨로 사람의 성격을 꿰뚫는다고 큰소리치지만 정작 뭐가 뭐 못 한다고, 나는 나를 모르겠다. 다른 사람은 내 글씨로 나를 어떻게 평가할까?

다만 좀 확실한 것이 있다면, 급하게 휘갈겨 쓴 내 필적을 볼 때마다 묘한 매력이 느껴진다는 것이다. 공책 가득 받아쓴 어지러운 글씨들이 급한 마음과는 달리 잔잔한 질서를 느끼게 하며 아름다움을 주기도 하니까. 착각이라도 통과다.

추사처럼 온 생애를 바친 명필이 아니라도, 가끔 수려한 필체를 가진 사람을 만나면 다시 쳐다보게 된다. 꿈틀거리는 창의성이나 빼어난 기개(氣槪) 같은 것이 풍겨나는 멋진 필체 말이다. 순전히 혼자 생각이지만 마침내 나의 존경심을 자극하고, 실제로 그런 필체를 가진 사람 중에 내가 몰래 존경하는 사람이 있다.

필체는 사람을 인정하게 만든다. 글씨 잘 쓰는 남자는 여자인 내게 신뢰감을 준다. 그런데 뛰어난 작가나 학자 중에는 눈에 띄는 악필도 많이 있다. 악필 때문에 그들을 신뢰하지 않는다는 것은 아니다.

학창시절 한문서예를 배웠던 나는 언젠가는 다시 붓을 잡겠다는 바람이 있다. 오랜 세월이 흘렀지만 사라지지 않은 검은 힘의 마력이 가끔 몸을 타고 오른다. 중국에서 값이 너무 싸 놀라며 샀던 예쁜 벼루도 더러 나에게 뭐라뭐라 지껄이는 요즘이다.

사람마다 얼굴이 다르듯이 글씨도 다르다. 기계로 모든 것을 찍어내는 시대라 해도 진짜 못 찍어내는 것이 글씨다. '글씨'에서 멀어지는 현실이지만 그럴수록 힘이 실리는 것이 글씨다. 그 속에 진짜 '나'가 있으니까.

선생님 고맙습니다

새벽 6시 강의실은 초만원이었다. 다투어 자리를 차지한 남녀 학생들은 모두 교복을 입은 고3 학생들이다. 서둘러 달려온 나도 안도의 숨을 쉬었다.

1971년 7월, 여름방학 시작과 함께 수학특강이 시작된 대구영수학원 풍경이다. 수학 명강사로 이름을 날리던 김경수 선생님, 그가 대구의 고3 학생들을 위해 한 달간 무료특강을 연 것이다.

나는 수학이 늘 찝찝했다. 국어와 영어가 좀 과장해서 문일지십(聞一知十)의 실력이라면 수학은 아니었다. 지금도 문자 앞에서는 머리가 맑고 숫자 앞에서는 어지럽다. 공짜심리에 반신반의하며 무료특강에 온 그날, 나는 첫날 첫눈에 김경수 선생님께 반해버렸다.

하얀 와이셔츠를 단정히 입고 술술 문제를 풀어나가는

데, 갑자기 꽝 하늘이 열렸다. 막혔던 물꼬가 탁 터지며 그날 나는 철벽같던 담을 단숨에 허물고 말았다. 그토록 끙끙대던 돌덩이가 이리도 말랑한 것일 줄이야. 한마디로 선생님은 수학에 도가 튼 사람 같았다. 학원선생님이 학교선생님보다 잘 가르친다는 말은 있지만 그것만으로 다가 아니었다. 그는 분명 나에게 신의 한 수를 보여주었다. 아니 내가 그걸 가로챘는지 모른다. 아무렴 어떠랴, 김경수 선생님, 정말 선생님의 강의는 정확하고 쉬웠어요.

가르치는 것과 아는 것은 다르다. 많이 알아도 잘 가르치지 못하는 사람이 있고, 조금 알아도 잘 가르치는 사람이 있다. 가르치는 것은 지식의 문제가 아니라 방법의 문제라서 그렇다고 한다. 그러나 진짜 잘 가르치려면 지식이 있고 실력이 있어야 한다. 그것도 깊은 우물에서 나오는 실력이 있어야 한다. 많이 알고 제대로 아는 진짜 실력이 있어야 진정한 방법이 나올 수 있을 것이다. 실력이라는 튼튼한 뿌리에서 방법이라는 싱싱한 줄기가 나온다.

나는 그날 김경수 선생님의 탁월한 교수법이 충분한 수학실력에 있다고 믿는다. 충분한 실력에서 절로 방법이 터진 것이라고 믿고 싶다. 그날 이후 나는 남을 가르치려면 '실력'이 있어야 한다는 평생의 교훈을 얻게 되었다. 그때 같이 간 친구는 자주 결석을 했으나 나는 한 달 꼬박 지각 한 번 하지 않고 공짜강의를 훔쳤다.

그렇게 튼 행운의 물꼬를 수월하게 대학입시까지 이어갔다. 생각해보면 그때 배운 '로그'니 '함수' '미적분' 등이 살아가는 데 무슨 필요가 있을까 싶지만, 우리 인생살이에도 그런 원리나 관계들이 보이지 않게 작용할 것 같아 새삼 수학이라는 과목이 그리워진다.

그때 구름떼처럼 학생들이 몰린 것은 선생님의 말솜씨가 아니라 샘물 같은 실력 때문이라 믿으며, 먼 훗날이 된 오늘 나는 이 자리에서 또 하나의 선물을 챙긴다.

어려운 것을 쉽게 설명하는 강의 능력은, 깊이 있는 내용을 경쾌하게 전달하는 글쓰기의 능력과 같다는 것을. 글을 쓸 때마다 나는 늘 '쉬운 전달'에 힘쓴다. 말할 때도 마찬가지다. 나의 뜻을 너에게 어떻게 다가가게 하는가는 나의 능력이다. 내 뜻이 잘못 전달되어 남이 나를 흘긴다면 나의 잘못이다. 그때마다 남을 탓하곤 했지만 이젠 아니고 싶다.

글 쓰는 사람에게 든든한 사람은 독자다. 그 독자의 마음을 얻으려면 정확하고 쉬운 글을 써야 한다. 단단한 알맹이를 부드럽고 쉽게 풀어내야 한다.

글을 쉽게 쓴다는 것이, 쉽게 표현하는 능력을 가진다는 것이, 쉬운 일은 아니다. 약 50년 전의 선생님이, 그것도 한 달간의 인연뿐인 수학선생님이 아직도 생각나는 것은, 복잡한 수학문제를 시치미 뚝 떼듯 한 말로 정리해준 그 탁월함이 서늘한 기운으로 남아있기 때문이다. 선생님, 정말 쉽고 정확했어요.

문학을 하는 오늘의 내가 국어선생님도 아닌 수학선생님을 이렇게 잊지 못한다.

한국인 찾아내 헹가래치기

2018 러시아 월드컵 예선전이 끝났다. 이제 32개국이 16개국으로 줄었다. '월드컵 1승'이 하도 소원이라 세계적 감독인 히딩크를 모셔와 4강까지 올라봤지만, 이번에도 16강은 오르지 못했다.

16강엔 못 올랐지만 놀라운 1승을 했다. 정말 놀라운 1승이다. 조별리그에서 스웨덴과 멕시코에 연달아 지고 더 무서운 독일만 남아 죽을 일만 남았다. 세계 1위인 독일한테는 져도 괜찮다. 그런데 이겼다. 그것도 후반 45분이 끝나고 연장전 6분에서다. 보통 3분 정도 주는 루즈타임을 심판이 가여워 6분이나 준 것 같은데, 그게 기적이 되다니.

영국 BBC방송이 "한국 승리로 독일을 뺀 전 세계가 즐거워하고 있다"고 일갈했듯 전 세계가 춤춘다. 우리가 이겼는데 왜 세계가 난리인가. 꼴찌가 일등을 이겼기 때문인가. 아니면 축구계 공공의 적인 독일을 이겨줘서인가. 공은 둥글다고, 꼴찌의 공도 둥글어 언제 어디서 어떻게 굴러가 적의 심장을 뚫을지 모르는 그 스포츠의 묘미, 아니 그 인생의 묘미에 지구촌 사람들이 흥분하는 것 같다.

우리 신문은 독일전 승리를 죽기 살기로 뛴 선수들의 투혼에 있다고 말한다. 경기 내내 115Km를 뛴 독일 선수에 비해 우리 선수는 118Km를 뛰었다고, 그 불꽃투혼을 칭찬하고 칭찬한다. 내 눈에도 그렇게 보였다. 괴력을 다하는 선수들에게 행운의 여신도 움찔했으리. 그러나 이것은 어디까지나 기적이니 진정한 실력은 이제부터라고 입을 모은다. 아직은 우리 축구가 기본기나 전술, 잦은 반칙이 문제라고. 어쨌든 한국축구가 한 단계 뛰어오른 것은 사실이다. '월드컵 1승' 못지않은 독일과의 승리는 위대한 체험이 될 것이다. 그래서 요즘 어딜 가나 이 흥겹고 짜릿한 이야기로 유쾌한 날을 보낸다.

그런데 우리보다 더 흥분하는 나라가 있다. 멕시코다. 멕시코는 우리가 한창 독일과 싸울 때, 스웨덴과 싸웠다. 스웨덴에 3대 0으로 지면서 거의 16강 진출을 포기할 때, 천둥번개가 치면서 멕시코 하늘에 무지개가 떴다. 한국이 독일에 이긴 그 천둥번개는 우리 것이 아니라 멕시코의 것이었다. 이 기적이 만든 '경우의 수'가 멕시코를 16강에 오르게 한 것이다.

월드컵 때마다 등장하는 '경우의 수'란 원래 도박 판돈 계산에서 나온 것이라 한다. 확률 비슷한 것이다. 판돈 계산이라는 어려운 문제를 해결하려 머리를 싸매고 연구한 사람이 놀랍게도 저 유명한 프랑스 철학자 파스칼과 천재 수학자 페르마였다니, 월드컵이 더 멋있어진다.

멕시코에 야단이 났다. 우리 야단은 아무것도 아니다. 그곳의 붉은 악마들이 한국대사관에 몰려들어 "그라시아스, 꼬레아!"를 외치는 것은 얌전한 일에 속한다. 극에 달한 흥분 속에서 온갖 종류의 한국사랑이 쏟아져 나왔다. 코리언들 무조건 포옹하기, 한국행 비행기 값 깎아주기, 옷가게 할인해주기, 한국사람 찾아내 헹가래치기라는 깜찍한 말도 나왔다. 한국인들에게 뭐든 주고 싶어 안달이 났다. 재미있다. 정말 재미있다. 지구촌에 사는 즐거움이여!

이리 기쁜 날, 아니 뭉쳐서 똑같이 기쁨을 누리는 날은 기쁨이 갑절로 폭발한다. 한 송이 꽃보다 여럿이 핀 꽃밭이 더 아름답듯, 함께 똑같이 기뻐하는 기쁨이 더 크다는 것을 이번에 다시 알았다. 기쁨에 겨워 물불 못 가리는 광란이 조금 뭣하기는 해도 그 찰나여, 온갖 나쁜 기운이 스르르 알아서 사라지는구나.

지금 멕시코 사람들은 순간의 열락에 빠져 해탈이라도 한 것처럼 보인다. 하늘에 떠올라 하얗게 세탁이라도 된 것처럼 보인다. 곧 일상으로 돌아가리라. 그러나 '한국사람 찾아내 헹가래치고 싶다'는 그 말이 새삼 불을 켜고 반짝인다. 천 냥 빚이라도 갚아주고 싶게 예쁘게 들린다.

말 한마디에 천 냥 빚 갚는다 했으니, 먼 옛날 우리 조상이 멕시코에 천 냥 빌려준 일이 있었는데, 이제 갚는구나. 그대들 '한국인 찾아내 헹가래치기' 그 어여쁜 한마디로 옛 빚 갚았네요.

잠 속의 파도

거울을 보니 내 눈빛이 평온해 보인다. 지난밤 잘 잤다는 뜻이다.

파도가 스르르 밀려와 몸속에 착 스며들었던 어젯밤은 꿈도 없었다. 밤마다 뒤척이며 잠 못 이루는 내게 이런 날은 축복의 날이다.

억지로 잠을 이루려고 애쓰는 것은 억지로 사랑하려고 애쓰는 것만큼이나 안 되는 일이다. 임 그리워 우는 작은 새도 아니요, 해결할 일이 많아 전전긍긍 걱정이 많은 것도 아니다. 동병상련(同病相憐)의 친구들이 병원 신세를 져야 나아진다고 하지만, 아직 나는 그것이 싫어 대부분의 날을 불면에 시달린다. 노화과정의 하나이니 시간이 해결해주리라 믿는다.

이런 내게 저 유명한 티베트의 성자 달라이라마는 약

올리는 말을 한다. "잠자는 시간은 최고의 명상(the best meditation) 시간이다."

맞습니다, 맞지요. 누가 명상이 싫어 잠을 안 자나요. 밤을 뒤척인 날은 정말 명상이 부족한 듯 눈빛부터 스산하다. 잠 속에서 잠의 물결로 온갖 것들을 다 씻어내야 하는데, 설거지 아무렇게나 한 그릇같이 밥풀이 곳곳에 묻어있다.

잠을 잘 자야 몸도 마음도 깨끗해진다. 잠은 한마디로 물이다. 깨끗한 물이다. 주부인 내가 집안일을 하면서 가장 자주 하는 일이 '물'에 대한 감탄이다. 물의 신비스러움은 아무리 감탄해도 부족하다. 물은 신비스럽다 못해 신령스럽다. 도대체 물이라는 것이 무엇이기에 무조건 아무것이나 깨끗하게 씻어주는가. 물이니까 그렇겠지만, 알다가도 모를 일이다. 이 감탄이 꿈속에 들어가는지 내가 꾸는 꿈 중에 최고의 꿈은 물에 대한 꿈이다. 꿈에 맑은 물을 보거나 마시면 반드시 좋은 일이 생긴다.

그 좋은 물에 맘껏 씻지 못하니 피로와 번뇌만 쌓인다. 그런데 또 얄밉게도 '피로와 번뇌를 씻는 가장 맑은 물이 잠'이라고, 어느 명언이 조용히 말한다. 잠이라는 맑은 물은 분명히 특효약이다. 그것도 가장 값싸고 질 좋은 특효약이다. 웃음이 질병예방이나 치료에 좋은 약이라고 하지만, 잠이야말로 한층 효력 있는 치료약이다. 잠이라는 최고의 명상을 통하여 만병은 통치된다.

먼 바다에서 밀려온 파도가 서서히 모래알을 적시듯, 서서히 내 몸을 적시며 밀려오는 잠 속의 파도야말로 더없이 평온한 명상의 물결이어라.

물결이여, 파도여, 달려와다오. 임이 여기 있으니 멀리서, 멀리서 달려와다오.

5

서시 고모님을 찾아서

동주 오라버님께

동주 오라버님, 먼저 용서를 빌며 펜을 듭니다. 살아계신다면 백 세 어른이지만 저는 상큼하게 오라버니라고 부르겠습니다. 이보다 더 좋은 호칭이 있을까요. 요즘 말로 하면 동주오빠! 이건 사랑하는 임이라는 뜻인데 오라버니가 아시기나 할는지.

학창시절 내내 책상 앞 벽에 붙어있던 오라버니의 「서시(序詩)」는, 이 땅의 모든 젊음이 하나같이 그리했던 불멸의 잠언이지요.

죽는 날까지 하늘을 우러러 한 점 부끄럼이 없기를
잎새에 이는 바람에도 나는 괴로워했다.
별을 노래하는 마음으로 모든 죽어가는 것을 사랑해야지.
그리고 나한테 주어진 길을 걸어가야겠다.
오늘 밤에도 별이 바람에 스치운다.

뺄 것도 보탤 것도 없이, 오직 순징(純澄)함 그 자체를 이렇게 노래할 수 있는 사람은 세상에 오라버니밖에 없어요. 오라버니의 얼굴이 말합니다.

1917년 중국 길림성에서 태어난 오라버니는 평양 숭실중학교를 다니다 일제의 신사참배 강요에 자퇴했지요. 그리고 용정 광명학교를 거쳐 서울 연희전문학교 문과에 입학했습니다. 그때, 28세의 나이로 해방 몇 달을 앞두고 후쿠오카형무소에서 옥사할 때 함께 했던 고종사촌 송몽규, 오라버니가 일본 유학 갈 때 맡긴 시를 끝까지 보관했다 해방 후 『하늘과 바람과 별과 시』를 출간해 오라버니를 세상에 알리는 데 결정적 역할을 한 후배 정병욱도 함께였습니다.

『하늘과 바람과 별과 시』는 오라버니가 연희전문학교 졸업 기념으로 내려다 이루지 못한 것이지만, 이 시집으로 오라버니께서는 해방된 조국의 젊은이들에게 순결(純潔)이라는 보석을 선물했습니다. 바로 오라버니의 그 순정(純正)한 20대의 얼굴과 함께 말입니다.

'얼굴이 사람이다'는 말을 오라버니처럼 정직하게 말해주는 사람은 없습니다. 잎새에 이는 바람에도 괴로워하는 흠결 없는 순수를 오라버니는 시가 아니라 얼굴로 말합니다. 만약 다른 사람이 이 시를 썼다면 과연 '대한민국 애송시 1위'가 되었을까요?

오라버니, 아시나요?

서울 종로구 청운동 자하문고개 부근에 '윤동주 문학관'이 들어섰다는 것을. 연희전문학교 시절 종로구 누상동에 있는 소설가 김송(金松)의 집에서 하숙한 인연을 바탕으로, 종로구가 2012년 이곳에 오라버니를 기리는 문학관을 세웠답니다. 어떤 사람은 인연을 과대포장 한다고 뭐라 하지만, 옷깃도 억겁의 인연이 있어야 스치잖아요. 그리고 '세상사에 지쳐 타협하면서 비겁해지는 우리 영혼에 윤동주의 시는 아름다운 자극을 준다'는 문학관 건립 목적에 저는 박수를 보냈습니다.

여기 인왕산 자락에서 시정(詩情)을 다듬곤 했을 오라버니의 가장 순수한 젊음을 생각하며, 저는 가끔 문학관 뒤 산책로 '시인의 언덕' 길을 걷습니다. 꽃비 내리던 지난 봄날에도 문우들과 다녀왔어요.

갑자기 왜 오라버니에게 편지를 쓰느냐고요?

9월이 오는 길목에서 만난 8월 15일 광복절 때문입니다. 연변에서 태어났지만 철저히 우리말로 시를 썼던 오라버니, 그러나 어쩔 수 없이 생가와 묘지는 모두 그곳에 있습니다. 우리나라 최고의 애국시인인 오라버니를 저들이 '중국조선족 애국시인'이라 하고, 중국어로 번역한 오라버니 시를 홍보하며 관광상품화 하고 있다는 안타까운 현실을 신문이 요란스레 말했습니다. 안타까운 마음이 필을 당겼지요.

연변대학의 한 교수가 "위대한 시인은 국경을 넘어 존재하고, 윤동주가 더 많이 알려지기 위해서는 대한민국의 시인인 동시에 조선족의 시인이라고 하는 게 더 좋지 않으냐"고 했다니, 뭐라 그럴 수도 없게 되었어요. 오직 그리움만 커갑니다.

그러나 오라버님, 걱정 마세요. 「서시」가 살아있는 한 오라버니는 영원한 우리의 시인이고, 영원한 우주의 시인이니까요. 우리는 오라버니 말대로 열심히 우리에게 주어진 길을 걸어갈 것입니다. 또 절대 오라버니를 잊지 않을 겁니다.

오라버니! 오늘 밤에도 별이 바람에 스치웁니다. 모든 죽어가는 것을 사랑해야 되겠지요.

상상은 자유

해발 3500m 구황(九黃)공항에 내리자 머리가 핑 돌았다. 속도 울렁거렸다. 말로만 듣던 고산증이다. 이 고산증을 내 몸보다 더 빨리 알아챈 것이 믹스커피였다. 커피봉지가 갑자기 놀란 듯 변심한 듯 빵빵하게 부풀어 올라 '기압'이라는 자연현상을 자연현장에서 생생하게 증명해주었다.

인천에서 사천성(쓰촨성) 성도(청두)까지 3시간 40분을 날았다. 다시 날개를 바꿔 똑바로 북쪽을 향해 50분을 날았다. 이 50분이 버스로는 8시간이라 한다. 백두산보다 더 높이 있는 이 구황공항은 원래 한적한 군사공항이었으나, 지금은 세계적 경관인 '구채구(九寨溝)'를 품은 관문이 되어 있다. '구채구(九寨溝)'는 동티베트로 불리는 이곳 첩첩산골에 아홉 개의 티베트 마을이 있어 붙여진 이름이다. 아홉 가지 물 빛깔 때문에 '구채구(九彩溝)'라고 한다는 말은 잘못된 것이다. 이 아홉 개 마을은 티베트의 장족청년 아홉 명이 사악한 뱀을 물리치고 아홉 명의 천신의 딸과 결혼하여 만들었다고 한다.

1970년대까지 이곳은 오직 신의 땅이었다. 고고하고 고독하던 신을 인간 세상에 불러낸 메신저가 숲속 벌목공들이었다. 중국정부는 아름다운 풍경에 소스라쳐 놀라 서둘러 '신이 혼자서 보던 거울을 실수로 떨어뜨려 만든 풍경'으로 세상에 알리기 시작했다. 그래도 아직 세 마을만 잠에서 깨고 여섯 마을은 꿈속에 계신다. 신이 또 언제 실수해 거울을 떨어뜨릴지 인간은 몹시 기다려진다.

'신의 거울'이었다.

정녕 신의 거울이 아니라면 그 많은 호수와 폭포들이 그렇게 그림처럼 걸려있지 못할 것이다. 구채구는 '물' 구경만 하는 곳이다. 거울 같은 신의 얼굴을 인간의 얼굴로 감탄하고 경탄하는 곳이다.

첫걸음에서부터 탄성을 지르게 하는 수정 같은 물의 나라가 펼쳐지고, 산과 하늘이 거울처럼 비치는 경해(鏡海), 호수 밑에 용이 있다는 와룡해(臥龍海), 가장 아름다운 물을 자랑하는 오화해(五花海), 차라리 바다라 부르고 싶은 장해(長海) 등 호수와 폭포는 모두 신이 지어준 이름을 지니고 천상의 색을 뿜어냈다. 냉정히 말하면, 이곳의 토양이 석회질이라 햇빛에 반사된 물이 제각각 독특한 빛을 빚어내는 것이라 한다. 어떤 석회화된 나무는 세상모른 채 물속에 가라앉아 영원의 풍경을 그려낸다.

연중 200일은 비가 내린다지만, 조상덕 내덕을 합쳐 우리는 쾌청한 가을날의 물빛을 만끽하는 행운을 누렸다. 이 예쁜 물빛도 햇빛덕에서 오는 것이다. 이런 행운에도 불구하고 일행 모두가 다시는 중국에 오지 않겠다고 열을 낸다. 변방지역이라 좀 불편했고, 성도와 구황공항을 오가는 비행기는 날씨 눈치 보느라 아예 정해진 시간이 없을 정도였다. 돌아오는 날 50분짜리 비행기를 6시간 기다려 탔다.

그러나 나는 다시 가련다. 아니 다시 간다. 돌아온 내내 상상 골짜기에 빠져 헤어나지 못하고 있다. '진주탄폭포'와 '낙일랑폭포'의 물보라여! 생각하면 생각할수록 그대를 향한 상상의 늪은 깊어만 가누나. 진주알 같은 물방울이 쏟아지는 '진주탄폭포'나 '거대하다'는 뜻의 '낙일랑폭포'는 내가 이번 여행에서 만난 놀라운 '신'이었다.

'길은 외줄기 남도 삼백 리'처럼, 그 삼백 리 길 같은 폭포의 폭도 놀라웠지만, 절벽에서 유희하듯 떨어지는 어지러운 물보라의 향연은 태초의 어둠이고 태초의 밝음이었다. 나는 넋을 잃고 꽃구름 속을 헤매다 길을 잃고 말았다. 시각과 청각이 마비되고 환각만 남았다.

1950년 중국이 병합하기 전까지 이곳은 티베트였다. 1300여 년 전 당나라 문성공주가 울며 토번국 송첸감포 왕에게 시집가던 길도 이 부근이었다. 그때는 토번이 당보다 셌다. 거칠고 외롭고 황량한 그 '차마고도'의 길도 이 가까이에 있다. 그러니 여기가 바로 영국의 제임스 힐튼이 쓴 『잃어버린 지평선』에 나오는 이상향, '샴발라(샹그릴라)'의 한쪽인 것이다.

황금 불탑과 푸른 초원, 달 모양의 호수, 지저귀는 새와 향기로운 꽃, 전쟁이나 병, 증오와 질투가 없는 깨끗한 영혼이 사는 낙원. 이곳은 티베트인의 낙원이 아니라 전설 속 인류의 낙원, 아니 지금 나의 낙원이다.

저 원색의 티베트 전통가옥과 펄럭이는 타루쵸(오색기), 스투파(탑)에도 깨끗한 영혼이 가득해 보인다. 끝없이 잡아먹히는 야크떼도 끝없는 환생의 꿈이 있는 듯 한가로이 풀을 뜯는다. 시끄러운 관광객의 목소리도 지저귀는 새소리로 들린다.

모든 것이 멎었다. 오직 물보라와 물소리만이 천지를 때리고 그 광란에 천지는 영혼을 씻는다. 아니 모든 영혼이 전생을 씻는다.

치마

미니스커트를 우리나라에 처음 선보인 사람이 가수 윤복희라고 했다. 그런데 사실이 아니라고 한다. 김포공항 트랩을 내리는 미니스커트 차림의 윤복희 사진은 어느 잡지사가 선정적 보도를 위해 꾸며낸 것이라고, 흘러간 60년대 이야기를 흘러간 강물처럼 뉴스가 전한다.

어쨌든 윤복희의 미니스커트는 그 후 대유행의 임자가 되었다. 계단 아래 남학생이 있건 말건 엉덩이 겨우 가린 짧은 스커트로 학창시절을 보낸 나의 전력도 윤복희 덕이었다. 그러다 느닷없이 '미니와 장발' 금지령이 내려 길가다 경찰한테 치마길이를 자로 재이기도 했으니, 역시 강물처럼 흘러간 70년대 이야기다.

세월이 흘러 사십 수년, 그동안 흘러간 한 세대의 시간은 수시로 아래위로 들락거렸던 치마길이의 그것과도 맞

먹는다. 긴 치마 짧은 치마가 번갈아 바람을 일으키며, 경기가 좋을 땐 긴 치마, 나쁠 땐 짧은 치마가 유행한다는 신경제학 이론을 낳기도 했다.

바야흐로 지금은 미니스커트가 유행한다. 불경기에 대한 증언인지 저항인지 몰라도 거리의 짧은 치마가 싱그러운 바람을 일으킨다. 추억 속의 내 미니스커트도 그 바람 속에서 그리움으로 펄럭인다.

'충분히 짧아야 하나 너무 짧지는 않아야' 미감이 극에 달한다는 미니스커트의 아름다움을 나는 좋아한다. 거리에서 만나는 그 '충분히 짧은' 미니스커트는 '충분히 긴' 아름다움을 준다.

며칠 전 우연히 길 가다 치마 하나를 사게 되었다. 진열장에 걸린 치마가 큰 소리로 나를 불렀다. 물론 미니스커트는 아니다. 그런데 길이가 문제였다. 조금만 더 짧았다면 완벽한 충족이 되었을 그것을 두고 나는 마음의 실랑이를 했다. 너무 길면 노티나고, 너무 짧으면 경망스러워 요즘 부쩍 치마길이에 신경 쓴다. 미니스커트에 절묘한 길이가 있듯, 긴 치마에도 절묘한 길이가 있다. 긴 치마라고 무작정 길어도 되는 것은 아닐 테다.

'충분히 짧되 너무 짧지 않고, 충분히 길되 너무 길지 않는' 아름다운 치마는 우리가 매일 입어야 하는 삶의 치마와도 같다. 치마길이의 절묘함이 아름다움을 판가름하는 것과 같이, 삶에서 일어나는 일들에도 그 상태의 적절한 길이가 중요한 역할을 한다. 듣지 않는 주례사를 혼자의 열정으로 길게 하는 것이나, 수필쓰기를 혼자의 타령으로 길게 늘어놓는 것은 매력 없는 일이다. 반대로, 충분히 길게 설명해야 할 어떤 이유를 혼자만 알고 대충 짧게 해버리는 일은 매력 없는 일이 아니라 위험한 일이다. 상대에게 충분히 설명은 하지 않은 채 충분히 이해받기를 바라는 그 어설픈 일이 그래서 가끔 일어난다.

얼마 전 나는 어떤 사람과 하지 말아야 할 말다툼을 했다. 말다툼은 말 몇 마디 주고받는 가벼운 싸움이 아니다. 마음의 상처를 크게 남긴다. 유대인 격언에도 '텅 빈 지갑'과 '말다툼'이 인생의 적이라고 했는데, 그 뜻을 '충분히 길게' 이해할 수 있을 것 같다.

말다툼은 소통 부족에서 오는 것이다. 소통이 안 되었다는 것은 제대로 정성을 보이지 않았다는 것이고, '충분히 길게' 상대에게 다가가지 않았다는 것이다. 긴 치마의 매력을 살리지 못하고 촌스러운 모습을 보인 것이다.

문득 '열두 폭 치마로 감싸 안는다'는 웅숭깊은 말이 떠오른다. 치마 입은 자가 마음을 넓고 크게 가지라는 뜻이니, 치마 입을 자격도 생각해보게 하는 말이다. 마음만 먹으면 치마를 입을 수 있는 내가 되새길 말이다. 충분히 길되 너무 길지 않는, 그런 조신한 삶의 치마에 예쁜 스타킹을 곁들이면, 어디선가 살랑 나비 한 마리 날아올 것 같다.

그런데 이런 치마 대신 바지를 입겠다고 야단인 곳도 있다. 아시아나 항공 여승무원들이 편한 바지를 허(許)하라고 인권위에 진정까지 했다고 한다. 그리하여 드디어 바지도 입게 되었는데, 비행기 안에서 본 그녀들은 활동적으로는 보였으나 치마가 주는 설렘 같은 것은 없어 보였다.

치마는 역시 바람 같은 설렘이 있어야 아름답다. 길기도 하고 짧기도 하며 세상사에 바람을 일으키는 그 바람의 옷 치마는 그래서 변치 않는 설렘을 품었다. 지하철 환풍구 위에서 바람에 날리는 치마를 쓸어내리며 야릇한 웃음을 웃는 「7년 만의 외출」 마릴린먼로의 선정적 장면은, 치마가 아니면 낳을 수 없는 세기의 명품 명화(名畵) 아닌가.

나는 이제 미니스커트는 입을 수 없는 나이가 되었다. 긴 치마 아니 충분히 긴 치마를 입고, 충분히 긴 마음으로 여유 있게, 내 옆을 돌아보며 그리운 미니스커트나 그리워할 때다.

탄생의 힘

– 2016년 겨울을 보내며

희한한 겨울을 보낸다. 폭설이 내려 산맥 이쪽과 저쪽이 딴 세상이 된 것처럼, 대통령 탄핵 문제로 나라가 정확하게 두 동강이 나 있다.

알고 보니 물밑에서 오래 꿈틀거렸던 그 문제의 '태블릿'이 갑자기 세상에 나왔을 때, 모두는 단말마의 충격을 느꼈다. 급기야 폭발한 분노가 광장에서 촛불로 타오르고, 그 순수의 촛불을 아무도 의심하지 않았다. '순수'란 원래 짧은 것이다. 이제 순수하지 않은 것들이 순수의 물결을 타고 세상을 뒤집기 시작했다.

그러자 새로운 의심이 나타났다. 정신을 차리고 가만히 헤아려보니 그 짧은 순수도 순수 연(然)했던 것이니, 성난 함성이 다시 물길을 텄다. 태극기 물결이다.

이런 '촛불과 태극기'가 차디찬 겨울거리를 뜨겁게 달

구며 정유년 대한민국을 무아지경에 빠뜨린다. 추위 따윈 이미 한참 하찮은 것이 되었다.

부엌에서 들으면 부엌 말이 옳고, 안방에서 들으면 안방 말이 옳다. 지금 우리나라는 딱 그렇게 되어있다. 각자의 가치관일 수도 있고 이해관계일 수도 있지만, 이것 아니면 저것이 되어 아버지와 아들까지 다투니 나라만 두 동강이 아니라 집안도 두 동강이 나 있다.

정치는 정치가의 것만이 아니다. 정치는 누구에게나 영향을 미친다. 누구나 자유로운 견해와 선택을 한다. 지금 나라는 최고 국가권력기관을 교체하는 일로 눈썹에 불이 붙은 형국이다. 한 번도 경험하지 못한 엄청난 일이니 반드시 적법하고 정당한 절차가 있어야 한다고 입을 모은다. 그 적법성과 정당성을 두고 한쪽은 친정어머니가 되고 한쪽은 시어머니가 되어있다.

이 겨울이 슬기롭게 잘 넘어가야 꽃바람 부는 봄이 올 것이다. 깊은 잠을 자고 기분 좋게 눈뜨는 아침처럼 특히 이번 봄은 그렇게 상쾌하게 와야 할 것이다. 남창으로 보이는 목련꽃 봉오리도 눈을 비비고 있으니 기다리던 봄이 조만간 훨훨 날아올 것 같다.

나는 봄을 나의 계절이라고 한다. 계절 중에 봄을 제일 좋아한다. 좋아해서인지 내가 세상에 태어날 때도 봄이었다. 사람은 한평생 자기가 태어난 때의 힘을 받으며 살아간다고 한다. 이것을 사주팔자(四柱八字)라고도 한다. 사람이 세상에 태어날 때는 우주의 기운이 함께 태어나고, 그 힘이 평생의 발판이 되어주는 것이다. 나는 항상 봄이 되면 내 안에 어떤 활력이 꿈틀거리는 것을 느끼고 희망을 느끼며 사랑을 느낀다.

봄의 매력은 뭐니뭐니 해도 겨울 뒤에 오는 것이다. 여름 뒤에 봄이 온다고 상상해보라, 그게 무슨 봄인가. 땅속 깊은 곳에서 잠자던 생명이 깜짝 연둣빛으로 솟아오를 때, 그때가 봄이다. 그때는 우주의 기운도 불쑥 솟아난다. 내 존재도 힘껏 솟아오른다.

나는 엄마의 바람대로 음력 2월에 태어났다. 그해가 뱀띠 해이니 뱀띠는 음력 2월에 태어나야 평생을 편히 산다는 속설 때문이었다. 소원대로 나는 아슬아슬하게 정월 지나 2월 뱀띠로 태어났다. 그것도 햇살 따스한 한낮이었다니, 음울한 것은 싫어하고 밝은 것을 좋아하는 내 성향이 여기서 온 것이 아닐까 믿는다.

우수 경칩에 대동강이 풀린다고, 아무리 추운 날씨도 우수 경칩이 지나면 따스한 기운에 못 이겨 만휘군상(萬彙群像)이 만화방창(萬化方暢)하기 시작한다. 올 대한민국의 봄도 반드시 이래야 한다. 아무리 춥게 다투었어도 대동강물 풀리듯 봄기운에 풀려 만물처럼 피어나고 또 피어나야 한다.

봄은 언제나 겨울 뒤에 온다. 봄을 맞는 우리나라 대한민국이 새롭게 태어나는 그 탄생의 힘으로, 영원토록 영롱한 기운이 영영하기 빈다.

반백 년 후 누군가가

2016년은 경상북도 도청(道廳)이 이사하는 해다. 대구광역시를 떠나 경상북도 안동 부근 새 보금자리를 찾아간다. 현재 도청이 자리한 대구시 산격동에서 태어나 자란 나는, 꼭 반백 년 전 우리 동네에 들어섰던 그 크고 자랑스러운 건물을 훤히 꿰고 있다. 지금은 몸이 멀어 마음도 멀어졌지만 떠나는 고향친구를 잡고 한잔 진한 추억의 잔을 나누고 싶어진다.

1966년 4월, 그러니까 내가 중학생이 되던 해 오랜 공사 끝에 경상북도 도청이 이사를 왔다. 산과 들에 꽃망울이 막 터지던 그날, 수많은 차량이 꽃을 달고 마을 앞 둑길을 달렸다. 눈에 선하다. 한편 그날은 우리가 어린 시절 특별히 사랑했던 놀이터 하나가 공식적으로 사라지는 날이기도 했다.

초등학교 시절 내내 우리는 도청 건설현장을 놀이터 삼아 뛰어놀았다. 텅 빈 큰 건물의 공간에서 아아아! 메아리를 잡으며 놀았고, 청석 땅에서 솟아나는 검은 지하수영장은 내 생애 최초, 최고의 공포물로 남아있다. 저 아래 깊디깊은 물을 향해 풍덩 몸을 날리던 개구쟁이들의 용감무쌍한 모습은 아직도 내 가슴을 깎고 쓸어내린다.

여름날 특급피서지 역할을 했던 큰 건물이 준 그늘은 더 잊을 수 없다. 온 동네사람들이 물밀듯이 밀려와 '구름떼처럼 많은'이라는 표현을 두고두고 실감케 해준 그 현장엔, 어떤 슈퍼에어컨디셔너보다도 더 시원한 천상의 바람이 날아다녔다.

그러나 이 모든 것은 도청에 얽힌 희한한 이야기 하나에 비하면 아무것도 아니다. 친구들아, 기억하니? 그때 밤마다 건설현장에 나타나 춤을 춘다는 '달걀귀신'을.

그 무렵 우리는 학교에만 가면 삼삼오오 모여 도청에서 나온다는 귀신이야기로 열을 올렸다. 어젯밤 새로 나타난 귀신을 최신정보로 알려주는 아이는 가장 인기 있고 신비스런 인물이 되었다. 꼬리에 꼬리를 물고 매일 새로 등장하는 귀신시리즈는 우리를 무한공포에 떨게 했고 무한호기심에 빠지게 했다. 그러다 그 이상한 이야기가 시나브로 잊히며 세월은 흘렀고, 이사 온 도청도 아무 일 없이 반백 년을 보냈다.

그런데 십수 년 전쯤 어느 날, 나는 까마득히 잊은 그 '달걀귀신' 때문에 소스라친 적이 있다. 당시 베스트셀러로 남성들의 필

독서였던 육관도사 손석우가 지은 『터』라는 책이 있었다. 내용이 이 땅의 풍수명당에 관한 것인데, 독서의 즐거움이 충분했다. 깜빡 재미에 빠졌다가 뜻밖에 여기서 나는 산격동 도청에 얽힌 비화를 읽게 되었다.

원래 앞산 부근 남쪽 방향에 들어설 예정이던 청사를 육관도사가 우겨 북쪽인 산격동으로 바꾸었다고 한다. 그래야 영남인맥이 끊이지 않고 살아난다는 이유였다. 그 과정에서 음해공작이 난분분(亂紛紛)하고, 귀신이야기도 '지어' 퍼뜨렸다는 이야기가 잠깐 지나갔다.

탁! 나는 죽비를 맞았다. 아주 센 죽비였다. 뭐? 그 수수께끼가 이것이라고. 그 야릇하고 야릇했던 귀신이야기가 이것이라고… 어디선가 천천히 허탈하기도 하고 시원하기도 한 바람이 불어왔다. 깊은 심호흡이 일었다. 그대 바람과 나 둘이서만 이 비밀을 알고 있으리니.

그 일은 충격이었고, 내게 세상 보는 눈 하나를 가르쳐주었다. 살면서 우리는 때로 터무니없는 일을 만나 이해불가득에 빠질 때가 있다. 하지만 세상일에 터무니없는 비합리는 없다는 것을. 알고 보면 어딘가에 합리가 숨어있고 때가 되면 나타난다는 것을. 그렇다고 세상사가 모두 합리적으로 돌아간다는 말은 아니다. 그리고 달걀귀신이 어떻게 생겼는지 모르지만 달걀처럼 둥글둥글 세상을 돌아다니며 헛소문을 퍼뜨리는 그것이 달걀귀신이라는 것을. 어쨌든 무서웠던 달걀귀신아, 그래도 이름이 예뻤던 달걀귀신아, 잘 가.

우리 문중 땅에 들어섰던 그 추억의 도청이 이제 곧 떠난다. 거기 가서도 이만한 전설 하나 남길 수 있을까? 반백 년 후 누군가가 오늘의 내가 되어 추억에 잠길 수 있을까?

서시(西施) 고모님을 찾아서

"부차야, 월왕 구천이 네 아비를 죽였다는 사실을 잊지 말아라."

기원전 중국 춘추전국시대 오(吳)나라와 월(越)나라는 철천지원수지간이었다. 오나라 왕 합려가 절강성 싸움에서 맞은 화살로 최후를 맞으며 아들 부차에게 그렇게 부르짖었다. 왕위에 오른 부차는 아버지 원수를 갚기 위해 절치부심(切齒腐心)했다. 섶나무를 깔아놓고 그 위에서 잠을 자며[臥薪와신], 신하들이 드나들 때마다 아버지의 유언을 외치게 했다.

"젖비린내 나는 아들놈이 아비의 복수를? 내가 본때를…"

오나라 소식을 들은 월나라 왕 구천은 코웃음 치며 신하들이 말려도 다시 오나라를 쳐들어갔다. 세상에서 가장 무서운 군대는 복수심에 불타는 군대, 불타는 오나라 군이 월나라 군을 단숨에 궤멸해버렸다.

"왕께서 스스로 볼모가 되어 그를 섬기십시오."

오나라에 붙잡힌 구천은 신하 범려의 말대로 납작 엎드렸다. 부차의 아버지 합려의 묘지기를 하며 치욕스러운 세월도 감당했다. 그래도 목숨은 살았으니 요즘 말로 치면, 자신을 어둠 속에 숨기고 밝은 날을 기다린다는 '도광양회(韜光養晦)'를 한 셈이다. 부차가 구천을 별 의심하지 않게 되자 다시 꾀를 냈다. 구천은 오나라에 영원한 신하가 되겠노라 부차에게 맹세하며 월나라로 돌아가게만 해달라고 빌었다. 오나라에서는 갑론을박이 벌어졌다. 매파인 오자서는 구천을 죽여 월나라 명맥을 끊자고 하고, 재상 백비는 항복을 받아들여 화해해야 사방의 군웅들도 잠재울 수 있다고 했다. 백비가 비둘기파가 된 데는 이미 치밀하게 계획된 월나라의 뇌물이 작용했던 것이다. 안타깝게도 오왕 부차는 백비의 말을 따랐다.

속국으로 살겠다고 거짓 약속하고 월나라로 돌아온 구천은 칼을 갈았다. 항상 곁에 짐승 쓸개를 놓아두고 그 쓴맛을 핥으며[嘗膽상담] 복수의 칼을 갈았다. 어떤 목적을 위하여 괴로움을 참고 견딘다는 '와신상담(臥薪嘗膽)'이라는 말은 여기서 나왔다. 와신과 상담을 한 오와 월은 원수이면서도 필요에 따라서는 뭉치기도 했으니, '오월동주(吳越同舟)'라는 말도 낳았다.

구천이 쓸개를 핥으며 울음을 삼킬 때 신하 범려가 또 꾀를

냈다. 미인계다. 미인을 앞세워 오나라 부차를 한번 요리해보자. 드디어 월나라는 전국에 미인 선발령을 내렸다. 그 전국대회에서 뽑힌 사람이 저 유명한 서시(西施)다. 흔히 고대중국 4대 미인을 서시·왕소군·초선·양귀비라 하는데, 그중에서 서시가 가장 오래된 미인이라 더욱 신비롭다. 서시는 월나라 저라산 출신으로 본명이 시이광(施夷光)이다. 아버지는 나무꾼이고 어머니는 빨래 일을 해 어머니를 따라 물가에서 자주 빨래를 했다. 그때 물고기들이 서시의 예쁜 얼굴에 넋을 잃고 바닥에 가라앉았다고 해, 서시를 '침어(沈漁)'라고도 한다.

전국미인대회에서 뽑힌 서시는 철저하게 훈련받고 적국 오나라에 파견되었다. 오왕에 접근한 서시는 차근차근 부차의 판단을 무너뜨려갔다. 이때도 충신 오자서가 "구천이 은혜를 잊고 군사를 기르고 있다"고 충언을 올렸지만 부차는 모른 척했다. 터무니없이 천하패권 쟁탈에 마음이 가 있었다.

백제 마지막 의자왕에게 충신 흥수와 성충이 간언을 했듯, 오자서가 계속 간언하자 화가 난 부차는 오자서를 죽여 버렸다. "내 눈을 동문에 걸어 내 눈으로 오나라가 월나라에 망하는 꼴을 보겠다"고 한 오자서의 확언대로, 월나라 구천은 12년 세월을 벼린 후 오나라를 쳤다.

신라 경애왕이 포석정에서 놀다 견훤의 침략을 받은 것처럼, 이때 부차는 여러 제후국 앞에서 자신이 패자가 되는 의식을 치르고 있었다. 결국 7년 싸움 끝에 부차는 구천 앞에 무릎을 꿇었다. 구천이 옛 빚을 생각해 목숨은 살려주었으니, 부차는 스스로 숨을 끊었다.

서시는 어떻게 되었을까? 오왕 부차에게 일부러 접근했지만 그를 사랑하여 따라 죽었다는 설이 있고, 월나라 범려와 사실상의 연인관계라 함께 도망가 행복한 여생을 누렸다는 설이 있다. 믿거나 말거나, 『사기(史記)』에는 이 기록이 없다.

나는 지금 중국 최고(最古)이자 최고(最高)의 미인인 서시의 땅 항주를 찾아 일행과 함께 버스길을 달리고 있다. 울창한 빌딩들의 도시 상해를 떠나, 그윽한 옛 부자들의 도시 난쉰(南潯)을 구경하고, 다시 항주행 버스길에 오른 것이다. 길가에 끝도 없이 피어난 붉은 유도화가 무척 고혹적이다. 저 강렬한 아름다움 속에 하필 독이 있어 그 독으로 옛날 사약을 만들었다고 하지. 지금도 벌레들이 꽃을 보고 날아들지 못하니, 겉 다르고 속 다른 아름다움의 표리부동이여. 어쨌든 가로수로는 만점이다.

고혹적인 꽃길을 달리며 차내 흥겨움이 출렁거릴 무렵, 마이크를 잡은 오성건 선생님이 해주오씨 가문 자랑을 했다. 오바마, 오프라윈프리, 오드리헵번도 해주오씨라고. 까르르 숨이 넘어가는 통에 갑자기 내 몸이 찌르르했다. 아니, 그러면 미인 서시도 나와 같은 서문중(徐門中)이 아닌가? 나의 항변에 일행 모두가 만장일치로 서시를 나의 고모라 인정해주었다. 그렇지요 고모님, 고모님 맞지요. 고모님이라 부를게요.

서시 고모님, 옛 월나라 땅인 항주(杭州)에 왔어요. 10여 년 전과는 비교가 안 될 정도로 우뚝우뚝 건물들이 솟았네요. 거리도 깨끗하고 풍경이 아름다워요. 항주 인구가 서울에 버금간다니 역시 고모님의 나라는 커요. 이제 우리는 항주의 자랑 서호에 배 띄우고 아득히 2천여 년 너머로 흘러가렵니다.

고모님의 고향이라는 사오싱시에는 가지 않지만, 거기에 서시 마을이 있고, 매년 기념축제도 열린다고 해요. 고모님은 대단해요. 월나라를 구했잖아요. 사진으로 본 서시사당에 있는 고모님 석상의 모습은 젊은 날의 황신혜 배우 같아요. 황신혜는 한때 우리나라 최고의 미인이었답니다. 미인은 얼굴도 예쁘지만 마음도 예뻐야 한다지요. 그러니 사람들이 미인을 좋아하지 않을 수 있겠어요?

고모님, 고모님 때문에 여기 오래 머물고 싶어요. 떠나고 싶지 않아요. 그렇지만 떠나야 해요. 가서 실컷 자랑하고 또 올게요. 그때까지 안녕히 계십시오.

오직 어머니의 것

나는 지금도 그 사실이 믿어지지 않는다.

흔히 사람들이 아홉수를 잘 넘겨야 한다는 열아홉 살 고등학교 3학년 때였다. 그것도 한창 물오르게 공부할 때인 2학기에 장티푸스에 걸렸다. 6년 개근, 3년 개근을 질주하며 학교 결석 따윈 남의 이야기로 알던 내게 벼락이 친 것이다. 잠복기간이 있는 그 병이 도대체, 언제, 왜, 어떻게, 내게, 왔는지는 알 턱이 없다.

학교를 다닌 후 그야말로 생애최초로 내 입에서 결석하겠다는 말이 나왔다. 그런데 그 중요한 시기에 엄마가 집에 없었다. 며칠 전 서울 오빠네 집에 산바라지 일로 한 달을 약속하고 가신 것이다. 학생인 언니와 아버지로는 곁이 부족했다. 나는 심한 감기몸살로 알고 약만 먹고 누워 있었다.

그런데 이상한 일이 일어났다. 열에 들떠 끙끙대는 내 귀에 꿈인 듯 정말 꿈인 듯 엄마 목소리가 들렸다. 바깥 수돗가에서 옆방 아주머니랑 뭐라뭐라 나누는 말소리가 들리는 것이다. 헛소리겠지. 엄마가 이렇게 빨리 오실 리는 없는데. 아! 그런데 진짜 엄마가 오셨다. 이건 기적이다. 왠지 집에 빨리 오고 싶어 다른 사람에게 일을 맡기고 사흘 만에 오셨다는 것이다. 아파 누운 나를 보고 첫마디가 "네가 결석을 다 하다니"였다. "집에 왜 그리 빨리 오고 싶던지…" 계속 엄마는 놀라기만 하셨다.

정말 기적같이 빨리 내 옆에 와준 엄마의 정성으로 나는 한 달 남짓 앓고 기적같이 일어나 포기했던 예비고사를 치렀다. 고교 20주년 행사인 홈커밍데이 날, 그때 담임선생님이 그 때문인지 나를 찾으시기도 했다.

기적같이 일어나 건강을 되찾고 일상을 찾을 수 있었던 그 공을 나는 전적으로 어머니에게 돌린다. 내 나이가 한창인 것도 있었지만 극에 달한 어머니의 정성이 있었기 때문이다. 이름이 열병이라 병원을 오가도 열이 내리지 않자 엄마는 동네 대나무집 점쟁이를 불렀다. 열에 들떠 얼핏 들은 그때의 점괘를 나는 잊지 않는다.

"건강한 사람이 한번 앓으면 더 크게 앓지. 틀림없이 나아 잘 살 거야!"

예언대로 나는 지금 이렇게 건강하게 잘 살고 있다. 그런데 이 건강은 어머니가 내게 준 것이다. 건강하고 좋은 인상을 지녔던 어머니는 학창시절 집에 놀러온 친구들마다 인상이 좋다고 말하곤 했다.

모든 생명은 부모에게서 물려받는다. 특히 어머니에게서 더 많은 것을 물려받는다. 사람의 몸속에 있는 '미토콘드리아'라는 세포는 생명활동에 필요한 에너지원으로, 이 미토콘드리아가 활성화되면 건강이 유지되고, 미토콘드리아가 비활성화되면 질환으로 이어진다고 한다. 그런데 이 유전자는 오직 어머니에게서만 받는다.

난자와 정자가 결합하여 생명체가 되는 순간, 난자가 용감하게 정자의 미토콘드리아를 부숴버려 수정란에는 100% 어머니의 미토콘드리아만 남게 된다. 그러니 생명활동에 필요한 핵심 에너지는 어머니에게서 나오며 어머니에게서 받는 것이다. 어머니가 건강해야 건강한 자식이 난다는 말은 진리다.

가지고 있으되 줄 수 없는 남자의 미토콘드리아 콤플렉스는, 아마 남성이 평생 힘겹게 땅을 갈며 여성을 보호하고 여성을 갈구하는 본능으로 발전하지 않았나 싶다.

모든 어머니는 위대하다. 제 생명을 준 자식에게 모든 것을 바치는 것은 자연스러운 일이다. 그 옛날 나를 살리려 그렇게 혼신의 힘을 다하던 어머니의 모습도 자연스러운 일이었다. 어머니와 딸로만 이어지는 그 신비한 물질이 여성을 강인한 어머니로 만든다.

오직 어머니의 것인 그 위대한 힘으로, 세상에는 생명의 꽃이 피고 지고, 피고 지고, 또 피어난다.

주례사와 수필

결혼식장을 드나들며 주례사를 많이 듣는다. 뻔한 주례사를 누가 듣느냐고 하지만 그래도 나는 귀를 기울이는 편이다. 지긋한 나이에 품격을 갖춘 어르신들이 한껏 좋은 말을 해주려고 애를 쓰신다. 그러나 솔직히 멋진 주례사 듣기가 쉽지 않다. 주례사 내용이 허술하거나 주례자의 말솜씨가 떨어져서가 아니다. 오히려 모든 것이 차고 넘치지만 어쩐지 상큼하지 않아서다. 주례사가 문학작품도 아닌데 무슨 상큼한 감동을 바라느냐고 할지 모르지만, 주례사는 주례사대로 맛이 있어야 좋을 것이다.

누구나 다 아는 그렇고 그런 것이 아니라, 앞에 선 예쁜 원앙에게 딱 맞는 일침 하나를 캐내어 찔러주는 주례사가 있긴 있었다. 순간 가슴이 찰랑했는데, 하객들도 가벼운 탄성을 보냈다. 일상생활에서 그냥 지나치기 쉬운 규범 하나를, 처음부터 확실하게 실천하겠다는 다짐을 받고 현장실습을 한 내용이었는데, 무척 상큼했다.

그래서 '수필(隨筆)'을 생각해보았다.

수필이 붓 가는 대로 쓰는 글이라고 해서 아무나 붓 들고 쓰는 글이 아님을, 아는 사람은 안다. 오히려 '붓 가는 대로'라는 말이 수필 쓰기의 무게가 되어 함부로 붓을 들지 못한다는 사람도 있다. 그러면서 수없이 생산되는 수필작품이 수없이 듣는 주례사처럼 재미없다고 수필가들끼리도 아우성이다.

음식이 맛있어야 하는 것처럼 글은 재미있어야 한다. 맛이나 재미가 취향에 따라 다르고 격에 따라 다르지만, 수필작품이 코미디언적 재미가 있다고 해서 재미있는 것은 아닐 것이다. 길지도 짧지도 않으면서 인생의 맛을 착 우려내는 수필이라는 글이 재미있으려면, 일단 읽혀야 한다. 읽히게 써야 한다. 내용이 아무리 심오해도 읽는 맛이 없으면 수필은 재미없는 글이 된다.

'재미 삼아 한다'는 가벼운 말도 있지만, '재미'라는 것이야말로 사람의 마음을 움직이는 지렛대 아닌가. 나이 들어 가장 겁나는 일이 삶의 재미를 잃는 것이라고 하는데, 수필에 있어 가장 겁나는 일도 읽는 재미를 잃는 것이 아닌가 한다.

'재미'는 나를 부르는 자연의 휘파람 같은 것이다. 수필이라는 문학작품도 사람을 향해 경쾌한 휘파람이 되었으면 한다. 그 휘파람 소리는 '문장'에서 날 것이다. 너무 무겁거나 너무 가볍지 않으면서 스르르 흐르는 문장의 휘파람 소리는 읽는 사람에게 상쾌한 즐거움을 준다. 그 상쾌함을 천연덕스럽게 주려고 문장을 갈고 닦는다.

전하는 말에 따르면, 중국요리가 세계적 음식이 된 것은 못 말리는 진시황의 극성 때문이었다고 한다. 천하를 통일한 진시황은 도도하게 하루도 같은 음식을 잡숫지 않았다. 똑같은 음식이 나오면 만든 사람을 눈앞에서 처형했다 한다. 살기 위해 오직 살기 위해 사람들은 천하를 주유하며 새로운 재료를 구했고, 천하 사람들에게 묻고 물어 새로운 요리법을 찾아냈을 것이다. 그게 그것 같지만 그 속에 깊은 비결이 있어 중국요리는 제대로 만들기가 쉽지 않다고 한다.

요리사가 음식 맛을 내기 위해 힘을 쏟듯이, 수필가는 수필 맛을 내기 위해 땀 흘려야 한다.

세상은 지금 좋은 말들이 둥둥 떠다니는 바다와 같다. 아침마다 꽃잎처럼 날아와 꽂히는 카카오톡 속 예쁜 말들이 문득 '말로써 말 많으니 말 많을까 하노라' 같은 세상을 만들지 않을까 걱정도 하지만, 그래도 좋은 말은 기분을 좋게 한다.

글 쓰는 사람은 좋은 말을 찾아 끝없는 여행을 한다. 갓 구워낸 빵이나 갓 지은 밥처럼 신선하면서도 깊은 맛이 나는 그 말의 맛을 찾아, 아니 읽는 사람에게 상큼한 휘파람 소리를 들려주기 위해 마음의 주유천하를 끝없이 한다. 어디서나 듣는 지루한 주례사 같은 맛을 벗어나려면, 나의 언어가 오래 진열대에 있는 빵이나 오래 밥통에 있는 밥은 아니어야겠다.

가볍지도 무겁지도 않은

컴퓨터 안에 가득한 내 작품 목록들을 훑다 낯선 제목에 눈이 갔다. 내가 모르는 내 것도 있다니, 얼른 클릭해보았다.

어머나! 이런 전설 같은 이야기가 있나. 20여 년 전 첫 수필집을 내고 겪은 흥분을 담은 「가볍지도 무겁지도 않은」이라는 제목의 글이었다. 싱그러운 신천지에 시원한 글 바람이 불어왔다. 그냥 둘 수가 없구나. 하나 활자화하려고 보니 세월이 너무 흘렀다. 하지만, 망설이다가 임은 먼 곳에, 그리되지 않으려 초심의 순박한 마음을 살리기로 했다. 그때 쓴 내용이다.

한동안 열에 들떠 지났다. 첫 수필집을 내고, 드디어 빚을 갚듯, 뽐내듯, 관심을 보여줄 것 같은 사람들에게 송부(送付)하고 한숨 돌리는 듯했다.

돌아서자마자 전화가 빗발쳤고, 축전이 날아들었고, 엽서와 편지가 다투었다. 마음이 둥둥 떴다. 기쁨이 넘치고 행복이 출렁거렸다. 그들의 애정표현이 의례적이고 과장되었다 하더라도 상관하지 않고 의심하지 않는다.

'소유지계(少癒之戒)'라는 말이 생각났다. 『명심보감』 「성심편(省心篇)」에 나오는 '병가어소유(病加於少癒)'에서 온 말로, '병을 한창 앓고 있을 때보다 조금 나아 열이 내리고 긴장이 풀릴 즈음 더 조심하라'는 뜻을 가진 금덩이 같은 말이다. '조금 나았을 때 더 조심하라'는 이 가르침이 마음에 착 안겨 새겨두었더니, 바야흐로 적재적소를 만났다.

지금 내가 그 가르침에 충실할 때다. 풍선처럼 떠올랐던 마음을 가라앉히고 차분히 자숙하며 허허로운 마음을 달래야 한다. 남들 다 하는 일 나도 한 번 해보았거늘, 이리 마음이 가볍다가 무겁다가 할 줄이야. 들판에 큰 바윗덩이 하나가 바람을 맞으며서 있는 기분이다.

긴 편지로 격려와 감동을 전해온 사람, 감동의 문구만을 따로 골라내어 엮어 보낸 사람, 토씨 하나에까지 현미경을 들이대고 시비를 걸어온 멋쟁이, 돋보기로 꼼꼼히 챙겨 읽고 뒤늦은 감사 표시를 해온 사계(斯界)의 어른. 그리고 교감의 목소리를 나누고자 다이얼을 돌려준 사람. 굳이 책값이라며 불러내기까지 한 또 다른 사람. 책 제목대로 '장미와 안개꽃'을 선사해온 우아한 사람도 있었다.

이런 사랑을 받았으니 충분히 행복했다. 그러니 나는 당연히 그 사랑의 후유증을 앓는다. 한때 나는 '이 세상 살면서 피차 사랑의 빚 이외는 아무것도 지지 말라'는 말을 무작정 좋아한 적 있다. 바로 이 순간의 말이 아니런가. 나는 지금 확실히 사랑의 빚에 허덕인다.

어떻게 그 빚을 갚을까? 그 빚은 어떤 글을 어떻게 써야 할까 다시 고민하고 생각해보게 하는 것이다.

'가볍지도 무겁지도 않은'이 답이다.

이것은 가볍지도 무겁지도 않은 글의 분위기를 말하며, 기품을 말하며, 내용을 말한다. 가벼운 소재는 적절한 무게로, 무거운 소재는 경쾌한 접근으로 삼라만상의 균형을 읽어내어 읽는 사람의 마음에 기쁨을 건네게 하는 것이다. 서정의 수풀을 아름답게 가꾸어 쾌적한 공기를 맘껏 들이켜게도 하는 것이다. 드디어 문학이 가진 쾌감에 진정 행복을 느끼게 하려는 높은 열망에 이르는 것이다.

첫 경험은 신선하면서도 두렵다. 영원히 한 번이기 때문이다. 신인상처럼 영원히 한 번 얻기 때문이다. 그러나 그 한 번은 '날카로운 첫 키스'가 되어 영원한 추억으로 남을 것이다.

나의 첫 수필집은 그런 날카로운 첫 키스의 추억이 되고도 남는다.

가방

명품가방이 공항에서 또 들켰다. 외국에서 몰래 숨겨 들여오다 툭하면 말썽부리는 것이 여성 명품가방이다. 여성은 명품가방을 위해 계모임도 한다. 여성과 가방 사이에 오가는 욕망이 문득 새로 궁금해진다.

나도 가방에 대해 까다롭다. 취향에도 맞고 실용에도 맞아야 하니 가방 고르는 일을 예술적 감상 삼아 하곤 한다. 한때 나는 큰 가방을 무슨 지적 덩어리처럼 즐겨 갖고 다녔다. 이제는 아니다. 무거운 것이라면 무조건 싫어지는 때에 맞게 갑자기 큰 가방이 무식한 물건처럼 보이기 시작한 것이다. 이즈음 나는 작고 가벼운 가방을 날렵하게 들고 집을 나서며 세상사 문득 가벼워져 발걸음도 가볍다고 좋아하는 중이다. 어깨와 팔을 가볍게 하니 내 존재가 가벼워지고, 하늘도 가볍고 땅도 가벼워지는 것이다.

가볍다는 것이 경솔함을 말하는 것은 아니다. 쓸데없는 무게를 빼고 나면 진정 깊은 것만 남아 가볍고 경쾌해진다는 것을, 철학자 가방이 진중히 말해준다. 경쾌함은 적당한 깊이를 지녀야 나올 수 있다. 물도 적당히 깊어야 경쾌한 울림이 있고, 하늘도 적당히 높아야 경쾌한 소리가 난다. 사람에게서도 경쾌한 울림이 난다면 얼마나 좋을까.

그런데, 그 가방 때문에 새삼 세상이 무겁고 둔탁해 짜증스러워지는 요즘이다. 시대의 유행이 가방을 등에 메는 시절이라 너도나도 가방을 메고 다닌다. 가방을 메면 손은 자유로워지고 발걸음은 가벼워진다. 가방을 메면 할머니 같기도 하고 소녀 같기도 하다. 가방을 멘 소녀는 문득 자유로운 손으로 세상을 만지고 천지창조라도 하려 한다.

하나의 유행이 잘 흘러갈 때는 까닭이 있을 것이다. 메는 가방은 앞으로도 오래갈 것 같다. 그런데 나를 편하게 해주는 이 가방이 남도 편하게 해준다면 얼마나 좋으랴만 그렇지가 않다. 내가 편하면 남은 불편해진다는 이치가 이 메는 가방에도 있는 것 같다.

어제도 복잡한 지하철 안에서 옆 사람 가방 때문에 한참 끙끙대다 탈출했다. 내려야 하는데 커다란 가방을 멘 사람이 꿈쩍도 하지 않고 내 길을 막았다. 오불관언(吾不關焉), 나를 건드리지 말라는 듯 오만한 자세로 내 숨통을 막았다. 이러니 복잡한 공간에서 가방을 앞으로 메자는 말이 나오지만, 뾰족하지도 않다.

내려서 지하철역을 빠져나올 때도 마찬가지였다. 우르르 큰 가방을 멘 사람들이 길을 막고 눈을 가려 저쪽으로 피하면 저쪽에서 막고 이쪽으로 피하면 이쪽에서 막았다. 불현듯 생각 하나가 훅 날아들었다. 문득 숙연함이 느껴졌다고 할까. 저 무거운 가방을 멘 사람들은 지금 무거운 삶을 메고 고군분투하는 것 아닌가. 안쓰럽구나. 가방을 미워하지 말자. 등에 멘 저 가방의 무게는 저들이 지고 가는 삶의 무게지. 삶은 등에 짐을 지고 가는 것이다. 학생은 학생대로, 어른은 어른대로, 무거운 짐을 지고 바삐 걸어가는데 남까지 돌아볼 수 있으랴.

큰 가방이든 작은 가방이든 우리는 그 속에 책임 반 이기심 반을 지고 걸어간다. 인생은 어차피 나에게는 책임이고 너에게는 이기심이 되는 것, 내 길을 막은 지하철 속의 그 이기적인 사람을 미워하지 말자꾸나.

가방 이야기를 너무 무겁게 한 것 같아 유쾌한 이야기를 하나 하려 한다. 요즘 친구들끼리 가방 때문에 자주 웃는 일이 생기는데, 나이 들어가는 우리한테 최고의 보호자는 가족이 아니라 가방이라고 우스개를 해대는 일이다. 잠깐 꺼낸 물건도 가방에 넣지 않고 옆에 두면 이미 내 것이 아닌 건망증 시절을 살고 있으니, 사랑할 것은 가방밖에 없다고 열 입이 한 입으로 입을 모으는 것이다. 손에 든 것은 어디 둘지 모르니 무조건 가방에 넣어라. 가방만이 책임져준다. 이런 책임감 있는 가방이야말로 진짜 명품가방이 아닌가. 공항에서 들킬 위험이 전혀 없는 명품가방 말이다.

오늘도 외출을 준비하며 가방을 고른다. 필요한 물건 척척 챙겨 넣고, 오늘 입을 옷과도 어울리는 나만의 명품가방은 어느 것일까?

꽃

꽃이 없어 울었다는 한 사람의 이야기가 있다.

이름 있는 문학상을 받기 위해 시골에서 올라와 시상식장에 갔는데, 연락을 하지 않아 아무도 오지 않았다.

온 장내가 꽃으로 뒤덮여 너도나도 꽃 속에 묻혔는데 그에게만은 꽃이 없었다. 평소 시답지 않게 보였던 한 다발의 꽃이 우주만 하게 보여 한없이 외로웠다. 그리고 속울음을 울었다.

그 말을 듣는 순간, 그것이 꽃이 아니었어도 그리 외로웠을까? 생뚱맞은 생각을 했다.

지금 온 세상은 꽃밭이다.

꽃도 예쁘지만 꽃밭은 더 예쁘다. 꽃밭은 꽃의 바다다. '사양(斜陽) 현산(峴山)의 철쭉을 므니발와(연달아 밟아)'라고 노래했던 송강(松江)의 관동별곡에도 지금처럼 흐드러진

철쭉 바다가 나온다.

답 없는 답을 향하여 시간은 흐르고, 그러나 꽃이 피면, 꽃밭에 앉으면, 불현듯 한 답이 생각난다. 꽃은, 정녕 꽃은, 예쁘고 예쁘며, 예쁘다 못해 사무칠 뿐인, 생명 그것. 그러니 인간은 너 없이 못 살고, 네가 없으면 절박한 울음이 나온다.

세상엔 '예쁜' 것이 많다. '꽃'은 말도 예쁘고 모양도 예쁘다. 우리는 "예쁘다!"라는 감탄을 싱겁게 심심풀이로 하지 않는다. '예쁘다'에는 강렬한 진정성이 들어있다. 내 자식, 내 손자, 정말 예쁘지 않은가? 꽃밭에 앉으면 꼭 떠오른다. 예쁘고 예뻐 어쩔 줄 모르는 이 마음, 내 아가와 이 꽃 중 어느 게 더 예쁠까?

꽃은, '생명은 예쁜 것'이라는 것을 한 번 더 말해주려고 이 봄에도 왔다. 사시사철 핀다면 행여 그 마음 잊어버릴까 봐 꽃은 언제나 잠깐 왔다 간다. 사람도 한 사람이 영원히 살지 못한다. 잠깐 왔다 가면서 생명은 영원하다고 한다.

산에는 꽃 피네, 들에도 꽃 피네. 한 송이 꽃이 피려고 소쩍새나 먹구름만 울었을까. 꽃은, 온 세상의 온 기운을 끌어당겨야 피어난다. 그러니 꽃은 우주의 핏줄이다. 어찌 사람이 제 핏줄을 사랑하지 않으리. 만인의 연인이여, 꽃이여!

6

『열하일기』와 문체반정

하쿠나 마타타

나비 날면 봄이라 하지만 나비는 오지 않았고 목련이 핀다. 봄이 하마 다 왔다. 겨울이 춥다고 걱정해도 꽃들은 숨어서 봄 채비를 했다.

남녘에 산수유가 피면 북녘 내 옆에 있는 꽃망울들은 아기처럼 사랑스러운 몸짓을 보이기 시작한다. 아기처럼 사랑스럽다니, 뭘 더 말하랴. 계절이 오든 말든, 하지만 어찌 이것만은 안 된다. 무심히 꽃이 피면 나는 유심히 봄처녀가 된다.

봄은 역시 좋다. 가만히 있어도 「봄의 소리 왈츠」가 들리고, 가만히 있어도 '종달새는 하늘 높이 날아오르고' 노래가 들린다.

봄이 오니 마음이 환해진다. 이 밋밋한 말을 또 해야 하나. 연둣빛 파스텔 톤 들판이 눈에 들어오기 시작하면

몸과 마음이 새로 일어난다. 투명한 봄을 맞아 내 모든 불투명이 씻기기를, 이 봄의 바람을 올해도 바라마지 않는다.

"하쿠나 마타타!"

갑자기 크게 소리치고 싶어진다. "다 잘될 거야!" 이렇게 밝고 따사로운 세상인데 무얼 걱정해.

아프리카 사바나를 다스리는 사자왕 무파사에게는 아들 심바가 있었다. 왕 자리를 탐내는 삼촌 스카가 계략을 꾸며 무파사왕은 죽고 아들 심바는 도망친다. 그는 새로운 고양이친구 티몬과 돼지친구 품바와 함께 평범한 삶을 살았다. 그러던 중 심바는 어린 시절 함께 보낸 암사자 날라를 만나게 되고, 다시 용기를 내어 왕위를 되찾기로 결심한다.

유명한 애니메이션 「라이온 킹」의 줄거리인데, 이때 친구 티몬과 품바가 주인공 심바를 격려하며 부른 노래가 '하쿠나 마타타'이다. 지난일은 잊어버려라. 다 잘될 거야. 근심 걱정 모두 떨쳐버려라. 우리말로 재미있게 '걱정을 모두 떨쳐버리고서 스마일·스마일·스마일' 정도 되겠다.

노래는 야단스럽지만 '다 잘될 거야!'라는 짧은 말만은 등불처럼 고요하고 밝고 깊다. 사랑스럽다. 고요하고 밝은 것은 누구나 좋아한다. 나도 고요하고 밝은 것, 고요하고 밝은 나날, 아니 고요하고 밝은 얼굴을 아주 좋아한다.

세상일은 노력한다고 되는 것은 아니지만 가만히 있어 되는 것은 더욱 아니다. 사람으로서 할 일을 다 하고 하늘의 뜻을 기다린다는 '진인사대천명(盡人事待天命)'이라는 말은 해가 갈수록 빛이 난다. 열심히 노력하고 조용히 가만있으라고, 고요히 일러주는 말이다. 살아간다는 것은 무겁고도 가벼운 일, 어둠에 사로잡혀 오락가락하는 것보다 '하쿠나 마타타!' 노래할 수 있다면 훨씬 윗길 아닌가.

노래는 아무 때나 나오는 것이 아니다. 마음이 가벼워야 나온다. 봄이 오니 절로 노래가 나오고 절로 새풀옷을 입는다. 봄의 경쾌함은 아무래도 무거운 겨울을 지나왔기 때문일 것이다. 봄이 가을 다음에 온다면 얼마나 황망할 것이며, 봄이 여름 다음에 온다면 얼마나 경망스러울 것인가.

어린 소녀가 엄마에게 물었다.

"엄마, 나는 커서 무엇이 될까요?"

"케(Que) 세라(Sera) 세라(Sera), 미래는 알 수 없는 거란다."

세상일은 무엇이든 될 대로 되는 것이며, 모든 일은 순리대로 되어가는 것이라고 엄마는 말해주었다. '케·세라·세라'가 에라 모르겠다, 내팽개치는 말이 아니라, 물 흐르듯 무심히 흘러가는 것이 세상이라고 일러주는 말이다.

세상일은 참 이상하게도 꿈꾸면 꿈꾸는 대로 되기도 한다. 어느 작가도 인간이 간절하게 꿈꾸면 우주가 도와주려 애쓴다고 말한 적 있다. '하쿠나 마타타!' 마음의 불을 켜는 일이 꿈을 꾸는 일이다.

'하쿠나 마타타!' '다 잘될 거야!'

어디서 「봄의 소리 왈츠」가 들려온다. 오스트리아에는 두 명의 요한스트라우스가 있었다. 아버지와 아들. 이 곡을 만든 사람은 아들인 요한스트라우스 2세였다. 아니다, 이 곡을 만든 사람은 이 봄이다.

하얀 연인의 도시, 양구

강원도 인제를 통과하는 국도 31번은 꿈꾸는 길이다. 나는 지금 강원도 양구(楊口)를 향하여 그 꿈길을 꿈같이 지나간다. 만취한 가을정취도 정겹게 함께 달린다.

해마다 가을이 오면 우리 문학회원들은 물 좋고 정자 좋은 곳을 찾아 문심을 키우고 문향을 나눈다. 그 행사가 올해는 강원도 양구(楊口)에서 있었다. 수많은 경쟁지를 물리치고 양구가 점지된 것이다.

양구는 우리나라에서 손꼽히는 오지(奧地)로, 동쪽에 인제가 있고 서쪽에 화천이 있어 그윽한 느낌부터 준다. 발밑에 38도선이 지나고 머리 위에 군사분계선이 지나 숙연한 느낌도 든다. 6·25전쟁 때 갈라져 반은 북쪽이 되고 반은 남쪽이 되어 양구는 아직도 그리움을 삭이는 곳이다. 춘천고속도로를 타면 서울에서 1시간 40분이면 간다.

양구(楊口)는 그렇지만 '버드나무 우거진 들판 입구'라는 예쁜 이름을 가졌으니, 부드럽고 따스한 기운이 솟아나는 밝은 땅이다. 세종 때의 문신 성현(成俔)도 양구를 지나며 '하늘은 살찐 들을 열어서 버들의 산기슭을 안았고, 산들은 기이한 봉우리를 지어서 사방의 밝음을 떠받쳤네'라고 노래했다.

양구에 도착하자마자 해설사가 자신 있게 안내한 곳이 '양구백자박물관'이었다. 양구에 백자박물관이 있다니, 그러면 양구에서 도자기가 생산된다는 말인가? 몰랐다. 알고 보니 양구는 고려시대부터 이름난 도자기 생산지였다. 조선을 거쳐 600여 년간 뽀얗고도 아름다운 백자를 많이도 만들어냈다. 6·25 이전까지는 그런 요업이 아주 성행했다고 한다. 백두대간을 타고 내려온 태백산 한 줄기 혈의 한 점에서 민족의 상징 같은 하얀 백토가 쏟아져 나왔다니, 정말 놀라운 양구 땅이다.

내가 지금 서 있는 이 박물관 자리가 양구군 방산면으로 곳곳에 수많은 도자기 가마터가 있었다고 한다. 이 부근에서 발견된 가마터만도 마흔 기가 넘는단다.

모르고 있었다. 도자기라면 그저 경기도 광주나 전라남도 강진 정도로 알았다. 더구나 조선시대 광주분원에서 왕실물품을 생산할 때 최고급 원료를 공급하던 곳이 이곳 양구라고 하니, 조선왕실의 품격을 양구가 책임졌다고나 할까.

또 놀라운 것은, 인공위성을 통해 과학적으로 측정하면 양구가 바다 포함 우리나라 전체 땅의 한복판인 배꼽에 해당한다고 한다. 그리스어 옴파로스(omphalos 중심)다. 그러니 양구는 치우친 오지가 아니라 당당한 국토의 중심이다. 그 한복판 배꼽에 불순물이 없는 질 좋은 백토가 탯줄로 엉켜있으니, 양구는 우아한 문화적 토양을 선천적으로 품은 매력적인 곳이다.

단아한 백자박물관을 들어서자 첫눈에 들어오는 항아리가 있어 찰칵 폰에 담았다. 흰 바탕에 푸른 무늬가 은은해 수수하면서 정갈했다. 혹 저것이 조선왕실에서 서민을 위해 보급했다는 방산 청화백자인가? 아무튼, 우리집 거실에 꼭 두고 싶은 것이다.

때는 1932년 일제강점기, 강원도 회양군청과 내금강면 주민들이 금강산에서 산불방지 공사를 했다. 그때 월출봉 아래에서 야릇한 석함(石函) 하나가 나왔다. 바깥그릇은 깨어졌지만, 안에 있는 말짱하면서도 휘황한 물품들이 넋을 놓게 했다. 놀랍게도 내용물은 '이성계 발원 불사리 장엄구 일괄품'이란 이름으로, 왕이 되고픈 이성계의 발원사리함이었던 것이다.

역성혁명의 꿈이 막바지에 오르던 1391년, 이성계는 만여 명의 무리를 이끌고 금강산에 올랐다. '대명홍무 24년 4월에 소원을 빕니다…'로 시작하는 발원문은, 겉으로는 '미륵하생국태민안'이었지만 속으로는 혁명의 성공이었다. 그 간절한 장엄사리구를 하얀 백자에 넣어 금강산 신성한 곳에 묻었더니, 500여 년 만에 환생한 것이다. 발원사리구는 중앙박물관이 소장하고, 깨진 백자 사발에 선명하게 새겨진 '방산 자기장 심룡'이 다름 아닌 양구를 흥분시켰다. 바로 양구군 방산면 출신 심룡이 아니고 누구이겠는가? 내가 지금 서 있는 바로 이 양구백자박물관 자리에서 당대 최고의 자기장이 탄생했던 것이다. 기록이 별로 없어 심룡에 대해 많은 것을 알 수는 없지만, 오히려 이것이 양구를 신비스럽게 하고 품격을 갖게 한다.

백문불여일견(百聞不如一見)이라고, 양구에 직접 와서 양구백자에 얽힌 이야기를 보고 들으니 양구가 하얀 연인의 도시가 되어 날아오른다. 북한이 파놓은 '제4땅굴'이나 눈 아래 북한 땅이 보이는 '을지전망대'만 있는 무서운 곳이 양구가 아니다. 하얀 흙을 사랑하여 하얀 그릇을 정성껏 만드는 순박하고 평화로운 사람들이 살았고 살아가는 곳이 양구다. 양구는 따스하고 아름다운 땅이다. 그리고 영원한 미래의 땅이다. 일단 한번 와보세요, 큰 소리로 말하고 싶은 양구다.

삥랑마을

순전히 '삥랑'이라는 말에 꽂혀 필을 들었다. 삥랑나무가 있고 삥랑열매가 있는 삥랑마을에 왔다가 '삥랑'이라는 햇살 같은 말에 콕 잡혔다. 알고 보니 빈랑(檳榔)이라고, 야자나무의 일종인 이 교목에 대해 사전도 다 알았다.

중국 하이난섬(海南道)은 우리나라 제주도같이 대륙 맨 아래에 있는 작은 섬이다. 섬이지만 하나의 성(省)으로 도(道)를 쓴다. 대만보다 더 아래 아니 홍콩보다 더 아래에 있는 이 더운 섬을 제주도쯤으로 알고 왔다가 크게 놀랐다. 제주도보다 스무 배쯤 넓다니, 무지막지한 중국 땅에 또 한 번 놀란 것이다.

동양의 하와이라 불리며 중국최고의 휴양지로 발돋움하는 이곳 하이난은 계절이라곤 여름뿐이며 천지에는 망고뿐이다. 하이난(Hainan)이라는 이름은 1300년경 원나라시절에 세운 성의 이름이라고 하나 기원전 2세기경부터 중국 지배를 받았다고 한다. 주로 해적들이 활동하거나 본토에서 추방당한 사람들이 살았다.

88서울올림픽 해에 정식 중국 성(省)이 되었으나 아직 개발이 덜 된 곳이 많다. 덕분에 섬은 원시적 싱그러움으로 넘치고 본토 사람들의 사랑과 투기자본도 넘친다고 한다. 곳곳에 보이는 화려한 리조트들이 미국 오바마 대통령도 불렀고 시진핑 주석도 자주 들른다고 한다. 우리나라에는 좀 덜 알려져 있어 여행 내내 한국 사람을 거의 보지 못했다.

여기 오니 일단 느긋해서 좋다. 쫓기며 다닐 일도 없고, 아침 먹고 느지막이 출발해 바로 점심 먹기 일쑤였으니 만만디 만세였다. 그 만만디로 들른 '뼁랑마을'도 그랬다. 어딘지는 모르나 한참 버스를 타고 가니 우리나라 민속촌 같은 곳이 나타났다.

하이난에는 3천여 년 전부터 열대우림 산악지역에 소수민족인 여족(黎族)과 묘족(苗族)이 살았다. 특히 여족은 하이난 인구의 대부분을 차지하는 원주민 격으로 이들의 삶과 문화를 보여주려고 뼁랑마을을 만들어놓았다. 높게 쭉쭉 뻗은 뼁랑나무들은 꼭대기 부근에 노란 뼁랑열매를 달았고, 그 숲 사이로 여족 할머니들이 베틀에 앉아 "볼롱!" 관광객들과 인사를 나누며 베를 짠다. "안녕하세요, 반갑습니다"라는 저 인사를 티베트에서는 "짜시들레!"라고 했지.

그런데 가만히 보니 이 할머니들은 하나같이 징그러운 문신(文

身)을 했다. 징그러울수록 아름다웠다는 이 문신은 15세 이상 여족 여성이면 누구나 의무적으로 했다고 한다. 지금은 사라졌지만 이 베 짜는 할머니들이 문신세대의 흔적을 일부러 보여주려 맨살을 드러낸다.

인간은 '지구'라는 아름다운 행성에서 '생각하는 동물'로 살아가는 행복한 존재라고 한다. 그러나 이런 행복을 말하기까지 인간의 생존역사는 황량했다. 어느 날 이유 없이 땅에 던져진 알 수 없는 존재인 인간은 오직 '살기 위해' 몸부림쳤다. 자연과 싸우고 적과 싸우며 살아남는 것만이 살아가는 길이고 위대한 길이었다. 그렇게 '살기 위해' 살아온 흔적이 드디어 문명이 되고 예술이 되고 스포츠가 되었다.

여족여인의 문신도 살기 위한 것이었다. 산 너머에서 적이 쳐들어오면 맨 먼저 처녀들을 보쌈했다. 그때 최대한 징그럽게 문신을 해 적들을 기겁시켜야 했다. 점점 문신은 대담해지고 어린 처녀들의 신음은 높아갔다. 세월이 흘러 적이 사라져도 그 문신은 수호신이 되고 족쇄가 되어 유유히 흘러왔다. 마침내 그 쇠사슬을 누가 풀었는지, 혹 저 늘씬한 빵랑나무가 도와주지 않았는지, 즐거운 상상을 주는 빵랑나무야! 아직 지구촌 곳곳에 남은 이런 종류의 쇠사슬을 빵랑나무야, 네가 좀 풀어주려무나.

빵랑마을에 우거진 빵랑나무는 빵랑열매를 소복이 달았다. 저 열매가 보통 열매가 아니다. 나쁠 땐 마약이지만 착할 땐 청량제가 된다. 말린 열매를 어디서든 팔아 껌처럼 사서 씹는다. 씹어

보니 야릇해 한참 씹었더니 머리가 삥랑 돌았다. 아! 하늘도 삥랑, 바람도 삥랑, 기분도 행복도 모두 파랗게 삥랑삥랑….

세상에 없는 것

이 세상에 없는 것 세 가지가 뭘까요?

'비밀과 공짜, 삶의 정답'이다.

비밀은 아무리 싸매도 언젠가 드러나고, 공짜라 좋아해도 대가는 반드시 있으며, 삶에 정답이 없으니 좋은 너의 답을 찾으라고, 누가 인생의 훈수를 재미있게 두었다.

나만 알고 아무도 모르겠지 하며 숨어서 일 만들지 말고, 공짜라고 양잿물 마시지 말 것이며, 내가 아는 것이 인생의 전부인 양 우기지 말자고, 답을 받아든 모두가 고개를 끄덕인다.

그러나 뒤집어 보면, 길 없는 길에 끝없는 길이 있고 정답 없는 답에 무한한 답이 숨어있듯이, 세상에 없다는 이 세 가지는 세상에 없어서는 안 될 알짜배기라는 또 다른 말로 들린다.

비밀의 얼굴부터 보자.

흔히 인간 세상에는 비밀이 없다고 한다. 비밀 지키기가 그만큼 어렵다는 뜻이다. 서로 목숨 걸고 하는 혁명모의에서도 배반자가 나오는 것은 자기 계산이 다르기 때문이다. 인간은 이익 앞에서 약하고, 인간의 입은 생각보다 가볍다. 그러니 비밀 지켜지기가 어려운 것이다.

그렇지만 세상에는 비밀이 있다. 누구라도 비밀을 가지고 살아간다. 굳이 말하고 싶지 않은 가벼운 비밀부터 절대 말하고 싶지 않은 무거운 비밀까지 다 갖고 있다. 비밀은 나쁜 것이 아니다. 비밀이 있기에 세상은 조용하고, 비밀이 있기에 사람은 마음이 깊어지고 헤아림이 깊어진다.

사람은 누구나 세상을 살면서 성실하게 자기 일을 한다. 그것이 직업이든 그냥 주어진 일이든 자기만의 비밀의 방에서 있는 힘을 다한다. 스스로 자기 꽃을 피운다. 감히 이것을 세상 사람들이 하는 묵언수행(默言修行)이라고 말해본다. 뜨악한 말 같지만, 대부분 평범한 사람들은 이런 말없는 수행을 하며 수더분하게 살아간다. 그래서 세상의 바퀴가 돌아간다.

사람만이 아니다. 지난봄 어느 산속에서 만났던 매혹적인 '붉은병꽃나무'를 잊을 수 없다. 붉은 꽃을 병 모양으로 피운다고 하여 붉은병꽃나무라고 한다는데, 숨이 막혔다. 사람은 없고 나무만 푸르른 산길에서 홀로 고고한 아름다움을 떨치며 찬연히 서 있던 고요한 나무, 그 도도한 비밀 앞에서 무거운 우주의 바퀴가 돌아기는 소리를 들었다.

사람은 또 공짜로 세상에 태어났다고 한다. 공짜 없다는 이 세상에 인간이 왜 공짜로 태어났는지는 모르지만, 이 공짜인생을 어떻게 살아야 하는지, 생각이 깊어진다. 공짜로 사는 인생이니 과욕보다는 가벼운 마음으로, 공짜로 받은 인생이니 가볍기보다는 무겁게 살라고 한다면 괜찮을까. 인생은 가벼운 마음으로, 그러나 가볍지 않게 진중한 마음으로, 공짜인생에게 공짜로 배워본다.

흔히 공짜라면 양잿물도 마신다고 한다. 공짜가 그만큼 좋다는 뜻이다. 뭐땀시 공짜가 그리 좋은가? 일단 공짜는 내 것 들이지 않고 남의 것 얻으니 쾌감을 느낀다. 공짜는 문득 인간을 자유롭게 하고 문득 인간을 어떤 무게에서 풀려나게 한다. 희한하게도 '공짜'라는 말을 들으면 내 혁대 하나가 풀어지는 자유로움을 느끼지 않는가. 공짜는 인간을 놓아주는 해방구 같은 것이니 인간이 공짜를 좋아하는 것은 자연스러운 일이다. 공짜 좋아하는 마음은 인간 본성에 있는 귀여운 애교 같은 것이라 꼭 나쁜 것은 아닐 것이다.

중요한 것은 현실이다. 아버님 날 낳으시고 어머님 날 길러 이 세상을 살아갈 때, 공짜로 얻는 것은 아무것도 없다. 세상은 냉엄한 곳이다. 내가 힘들이지 않고 얻은 것은 내 것이 아니게 되어 있다. 훌륭한 사람은 나보다 아흔아홉 배 땀을 흘린 사람이다.

나무도 온갖 것이 다 있어 숲이 되고, 꽃도 온갖 꽃이 다 있어 꽃밭이 되듯이, 온갖 것이 다 있는 꽃과 나무 사이에서, 내가 되고 싶은 꽃이 되고 나무가 되는 것이 나의 삶이다.

그 인생은 길지도 않고 짧지도 않다. 그 인생에 정답이 없다는 것은 내가 스스로 답을 만들 수 있는 자유가 있다는 뜻이려니. 스스로 답을 만들어야 하니 스스로 터득해야 하고, 남이 터득한 것에도 귀 기울여야 한다. 그러면 상식의 테두리는 지킬 것이다. 이것이 무난한 삶이다. 무난한 일생을 사는 것만큼 어려운 일도 없다. 세상에 없다는 비밀이나 공짜나 정답은 이미 세상에 다 있는 것.

그 사람 누구일까

영화 「명량(鳴梁)」이 세상을 흔든다. 400여 년 전인 1597년 이름하여 정유재란, 열두 척의 배로 삼백여 척 왜선을 물리친 이순신 장군의 쾌거가 시끄러운 작금의 세상을 한 줄로 잠재운다.

학교에서 '울돌목전쟁'이라고 배운 그 장쾌한 울돌목의 물살이, 혼란스런 이 세상을 향하여 통쾌한 '씻김굿'을 하는 것 같다.

지난여름, 이름도 멋진 '한민족수석 전시회'가 성남시청에서 열렸다. 그것도 뜻깊은 1회였다. 대회장이었던 문우(文友) 권영자 회장이 관람소감문을 부탁하기에 머뭇거리는데, 순간 영화 「명량」이 떠올랐다. 그래서 나도 모르게 '오라이(all right)'를 외치고 말았다.

그것과 그것이 무슨 사이냐고?

모르겠다. 그런데 이상하게 영화 「명량」에서 느낀 어떤 '묵직함'이 '한민족수석 전시회'에도 그대로 있었던 것 같아, 확답이 나온 것이다.

수석에 대해 나도 귀동냥 정도의 실력은 있다. 초보 때는 구체적인 구상석(具象石)을 좋아하다, 경지에 오르면 경치가 있는 경석(景石)이나 한도 끝도 없는 추상석(抽象石)에 빠져든다는 것쯤 말이다.

천지간에 널려있어 아무도 쳐다보지 않는 '돌'과 함께 자연과 시간, 아니 진중한 삶의 의미를 나누는 수석인이야말로 '심오함'이 뭔지 아는 괜찮은 사람이다.

우리가 사랑하는 생떽쥐베리의 어린왕자는 참 예쁜 말을 했지.

"잘 보려면 눈으로 보지 않고 마음으로 보아야 해."

돌을 좋아하는 사람에게 딱 어울리는 말 아닌가. 마음으로 보고, 느낌으로 보고, 세월의 눈으로 보아야 비로소 눈에 들어오는 '돌' 하나, 그것이 '수석'이라는 이름을 얻는다.

이번 전시회에서도 나는 그런 '마음'들을 열심히 읽었다. 감탄하면서 즐거워했다. '억년비정의 함묵에 안으로 안으로 채찍질한' 흔적이 돌마다 서려있고, 햇빛·달빛·별빛·바람소리·물소리 곳곳에 서린 그것들을 바라보며, 이거야말로 세상을 향해 진정한 '씻김굿'을 하는 게 아닌가, 짜릿했다.

수석을 감상하면 뭐니뭐니 해도 마음이 가라앉는다.

돌은 들뜬 마음을 착 내려놓게 한다. 세월이 주는 무게가 그대로 사람의 마음에 들어온다. 하지만 돌이 아무리 단단해도 한 때는 연약한 흙이었던 시절이 있었을 터. 그때의 부드러움으로 갖가지 모양을 짓고, 모양을 바꾸면서 천천히 아주 천천히 마침내 돌은 단단함을 이루었으리라.

그 사람 누구일까?

발자국 하나 남긴 그 사람 말이다. 언제 어디에 어떻게 살던 사람일까? 이번 전시회에서 눈길을 오래 끈 것 중 하나가 사람 발자국 모양이 그대로 남은 검은 돌이었다. 사람이 디딘 발 모양이 그대로 남은 화석이었다. 이런 것도 수석으로서의 가치가 있는지는 잘 모르겠으나, 돌의 영원성에 새겨진 정직한 인간 존재의 흔적 앞에서 오늘 우리는 숙연한 감탄을 연발했다. 긴긴 세월, 먼먼 세월, 사람의 흔적 그대로 돌은 정직하게 담고 입을 닫았다.

'지능이 높고 서서 걸으며, 말·연모·불을 사용하면서 문화를 만들어내고, 사유하는 능력을 지닌 가장 진보된 고등동물'

이것이 인간에 대한 정의다. 그 인간 존재를 정확하게 담아놓은 그 돌의 나이는 얼마쯤 될까? 원시인? 네안데르탈인? 크로마뇽인? 아니 아무도 모르는 아득한 저 세월 속의 그 누구? 거대한 신비를 품고 돌은 말을 할 줄 모른다. 이 말없음을 알아듣고 열락에 빠진 사람이 애석인이리라.

"뭐 때문에 그 힘든 수석에 빠져 사서 고생하지요?"

언젠가 권영자 회장에게 물은 적이 있다. 그러자 특유의 동그란 웃음을 날리며 “나도 몰라요. 그냥 나를 한없이 잡아당기네요!”

돌같이 평범하고 돌같이 개성적인 말을 물같이 자연스레 한다. 무엇을 좋아하는 것을 왜 좋아하느냐고 묻는 나야말로, 수석이 못 되고 뒹구는 저 이름 없는 돌이 아니런가.

10년 후

인도에 가면 갠지스강이 있다. 그 강가에 큰 건물만 한 바위 하나가 있다. 일 년에 한 번씩 하늘나라 옥황상제가 그 갠지스 강가로 어여쁜 선녀 딸들을 놀러 보낸다. 선녀들은 하루 종일 맑은 물과 흰 모래를 희롱하며 놀다 해질녘 벗어놓은 날개옷을 입고 다시 하늘나라로 돌아간다. 돌아갈 때는 반드시 바위를 휙 스치고 지나가는데, 그때마다 날개옷이 바위를 조금씩 닳게 했다. 그렇게 일 년에 한 번 날개옷에 닳아 그 큰 바위가 다 없어지는 시간을 일 겁(劫)이라고 한다.

고등학교 때 고전문학을 가르친 우리 '할배선생님'께서 특유의 화법과 몸짓으로 들려주신 이 겁(劫) 이야기는, 문학에 관심 있던 나를 확실한 문학소녀로 만들어버렸다. 그 아득한 이야기가 끝없는 상상의 세계가 되고, 끝없는 우주의 이야기가 되어, 끝없이 먼 곳으로 나를 데려갔다.

우주란 무엇인가? 그 공간은 무한대로 끝이 없고 그 시간도 무시무종(無始無終) 끝이 없으니, 대체 '무한'이라는 것이 어떻게 생긴 것일까? 무한의 모양을 머릿속에서 아무리 그려봐도 잡히지 않았다. 지금도 그렇다. 몇 겁의 시간이 흐르고 나면 이 땅에 인간이 아닌 새로운 생명체가 나타나 그 무한을 이해하고 응용하면서 살아갈까?

우주의 시간을 1년으로 치면 1월 1일 0시에 우주대폭발이 일어나고, 9월 초에 태양과 지구가 생겼다. 9월 말경에 최초의 원시생명체가 나타나고, 12월 30일경에 공룡이 출현했다. 현 인류의 조상인 호모사피엔스는 12월 31일 자정 몇 분 전에 나타났다고 한다.

그 인류가 기껏 기천년(幾千年)이라는 역사를 만들었고, 다시 그것을 백 년 단위의 세기로 나누어 지금 우리는 21세기의 머리에 와 있다.

며칠 전 우연히 아는 사람을 만났다. 찰나, 옛날과는 분위기가 사뭇 달라 한참 쳐다보았다. 헤아려보니 10년 정도 시간이 흐른 것 같은데 딴 사람이 되어 있었다. 때가 되면 모든 것이 바뀌지만 나를 때린 것은 10년이라는 시간이었다.

세월의 비밀이 아득함에만 있는 것이 아니라 10년이라는 눈앞의 시간에도 있다. 10년은 망원경으로 보면 티끌이지만 현미경으로 보면 무한대일 듯도 하다. 10년이면 강산도 변한다는 말은 10년이라는 시간 안에 그만한 힘이 숨어 있어서일 것이다. 흔히 우리는 "10년만 젊었으면…" 하고 말한다.

10년은 많은 걸 바꾸어 놓는다. 금방 지나가는 시간이기도 하지만 세월의 구릉이 달라지는 긴 시간이기도 하다. 세상 모든 일은 10년이라는 시간 앞에 달라지고 새로워진다. 시집간 지 10년이 된 내 딸도 이제는 우리 집을 남의 집인 양한다. 어쨌든 나는 나보다 꼭 10년 젊은 사람을 질투한다.

한때 관심을 끌었던 '1만 시간의 법칙'이라는 말이 있다. 한 분야 전문가가 되려면 적어도 1만 시간 정도는 노력해야 하는데, 1만 시간이 되려면 매일 3시간씩 10년을 보내야 한다는 것이다. 여기서도 10년이라는 말이 나를 찔렀다. 하루 3시간씩 10년 꼬박 피아노를 치면 훌륭한 피아니스트가 될 수 있을까? 그럴지도 모른다. 희망이 답이 되려면 실천을 해야 한다. 모름지기 10년이라는 시간 안에 들어있는 괴력 같은 힘을 향하여.

10년이라는 세월이 새삼 금쪽같아 보인다. 훌쩍 가거나 딴판이 될 수도 있는 그 10년이라는 시간 앞에 갑자기 마음이 바빠진다. 하지만 고요히 10년을 잘 보낼 수 있다면 진정 그보다 더 좋은 일이 뭐 있을까 싶다.

10년이라는 시간을 잘 보내고 싶다. 그때는 분명히 지금보다 더 늙어있을 것이다. 아득히 보이는 저 하늘에도 10년에 한 번씩 교감하고 눈뜨는 별이 있어, 10년 후가 되면 지금의 나를 그리워하는 별이 뜨리라. 그때를 위해 지금을 잘 살아야겠다.

조상 자랑

내 님이 그리워 우니나니
산 접동새 난 이슷하요이다…

교과서에 실렸던 이 글은 고려가사 「정과정(鄭瓜亭)」으로, 지은이가 정서(鄭敍)이다. 막상 글을 달달 외던 고교시절엔 몰랐다가 늘그막에 만시지탄으로 이 훌륭한 작가가 직계조상이라는 것을 알고 가슴이 뛰었다는 사람이 있는데, 부산에 사는 수필가 정 선생님이다.

호가 과정(瓜亭)인 정서(鄭敍)는 고려 의종 때 동래로 귀양 가 20년을 보냈다. 거기서 충신연주지사(忠臣戀主之詞)의 시초라고 하는 이 작품을 남겼으니, 부산과 정씨는 어딘가 맞아 들어간다. 그 뛰는 가슴을 달래며 일필휘지하듯 「조상 자랑」이라는 제목으로 글을 썼다고, 작품이 실린 책을 내게 보내주었다. 글을 읽자마자 나도 일필휘지 답을 했다.

'저는 조선 최고의 문장가 사가(四佳) 서거정(徐居正)의 손녀입니다. 우리 앞으로 좋은 글 내기해볼까요?'

써놓고 보니 너무 당돌했다. 머쓱해지는 순간 이미 글은 날아가 버렸다. 때로 홀연히 튀어나온 말 한마디가 빼어난 시 같을 때가 있는데, 바로 이런 것이 아닌가 싶어 우물쭈물 우쭐거렸다. 아무튼 농담도 책임을 진다하거늘 이 황홀한 말에 무한책임을 지고 싶다는 유혹을 느꼈다.

사가(四佳, 또는 四佳亭) 서거정(徐居正)은 조선조 초대 대제학을 지낸 권근의 외손자로 당신도 23년간 대제학을 지냈다. 특히 세조 때 조선 최초로 홍문관과 대제학을 겸한 양관대제학을 지낸 것으로 유명하다. 어릴 때부터 신동으로 이름을 떨쳤다고 하니 외할아버지의 문장이 잘 흘러간 듯하다.

신라 이래 조선조까지의 역대 시문선인 『동문선』과 정치의 제도적 완비를 담은 『경국대전』 등 수많은 책을 지었으며, 평생 향기로운 술과 한가로운 시 짓기를 하며 일생을 큰 탈 없이 보낸 분이다. 같은 시대 인물인 방랑자 김시습이 쓰디쓴 술과 괴로운 시를 지으며 광야에서 살았으니 서로 비교되기도 한다. 김시습이 저항으로 몸부림칠 때, 서거정은 중국사신 영접사로 활동하는 등 주로 바깥에서 이름을 떨쳐 내부의 피비린내 나는 권력다툼에서 벗어날 수 있었다.

서울 중랑구 면목동에 호를 딴 사가정역이 있는데, 근처 용마

산 부근에 살았던 적이 있기 때문이다. 본관은 나와 같은 달성(대구)으로, 내가 자라난 대구시 산격동 구암서원에 배향되어 있다.

'바르게 머문다(居正)'는 이름대로 사가 할아버지는 능력과 기개가 빼어났을 뿐 아니라 의리 없음을 특히 미워하여 기회주의자를 싫어했다고 한다. 반대파 김시습에게도 좋은 평을 받았다고 하니 믿을 만하다.

붓만 들면 시가 되어 아름답고 화려한 글을 내뿜으니 주위에 따라올 사람이 없었다. 글이 물같이 흘러가고 다시 그 글이 큰 물결 작은 물결이 되어 넘치게 파도를 타니, 신기한 글귀가 신의 경지였다.

나는 사가 할아버지가 향기로운 술로 한가롭게 시 짓기를 했다는 말이 무척 마음에 든다. 세종부터 성종까지 여섯 임금을 섬겼지만 정쟁에 휘말리지 않은 운명 길에서 타고난 재능을 맘껏 펼칠 수 있었으니, 좋아하지 않을 수 없다.

글은 왜 쓰는지, 옛날에는 글을 해서 벼슬을 얻었지만, 지금은 이름을 낼 일도 부를 얻을 일도 아니면서, 글이란 것을 놓지 못한다.

그러나, 글을 왜 쓰는지 묻는 것은 꽃이 왜 피는지 묻는 것과 같지 않을까? 꽃이 때가 되면 피듯이 글도 때가 되면 피어난다. '한가롭게 시 짓기'를 한 사가 할아버지처럼 나도 한가롭게 글꽃을 피울 수 있다면 얼마나 좋으랴. 일 없어 뒹구는 것이 한가로움이 아니라 번뇌와 초조를 멀리한 고요한 마음이 한가로움일 것이니.

사가 할아버지처럼 물같이 흐르고 파도같이 춤추는 문장으로 온 세상 구석구석을 한가롭게 드나들 수 있다면 얼마나 좋으랴. 사가 할아버지의 문장이 돌고 돌아 멀리 내 붓 끝에도 흘러와 있다면 또 얼마나 좋으랴.

가을이 깊을 대로 깊었다. 늘그막 사가 할아버지도 요즘 같은 가을을 맞아 인생무상을 느끼며, 송추(送秋) 「가을을 보내며」라는 시를 지으신 것 같다.

가을을 보내며

계절이 바뀌는 것도 저 물 같아라.
이제 가을을 보내자니 마음이 더욱 아득하다.
서풍은 가을날의 풍광을 다 걷어가면서
어찌하여 내 양 귀밑의 가을만 남겨두는가.

궁즉통(窮則通)의 그것
- 나의 식도락

초등학생에서 대학생까지 총총했던 우리집을 동네사람들은 부러워했다. 자식들 공부 많이 시킨다고 그랬던 것 같지만 부모는 갖은 고생을 했다. 근 열 식구에 아침마다 도시락 네댓 개는 기본이었으니, 지금 생각하면 아찔하다. 차라리 그때 내가 철모르는 아이였다는 것이 얼마나 다행인지 모른다. 후진국 시대의 어머니가 하던 일을 선진국 시대의 딸인 내가 그 반의반 아니 또다시 그 반의반에 한참 못 미치게 하면서도 잘 살아가니, 아찔하다는 말이 나오지 않을 수 없다.

그것은 분명히 궁하다 못해 통한 음식이었다.

그야말로 대식구를 거느린 어머니가 고심 끝에 만들어낸 발명품이었으니, 목마름이 빚어낸 최고의 히트상품이 아니었던가 싶다. 지금 이 순간 가장 먹고 싶은 음식을 들라면 나는 서슴없이 그것을 들겠다.

그 음식의 이름은 '장떡'이다.

한식집에서 흔히 나오거나 또 많은 사람이 아는 그런 것과는 좀 다르다. 식당에서 그 음식을 볼 때마다 내가 우리집 고유의 장떡 이야기를 하면 알아듣는 사람이 아무도 없었으니, 우리집만의 고유한 음식이었음이 틀림없다. 알고 보면 너무나 흔했던 그것, 그러나 오늘 다시 환생한다면 분명 최고의 웰빙식이 될 것이다.

텃밭에서 따온 갖가지 채소를 밀가루에 버무려 베보자기에 싸서 밥솥에서 쪄낸다. 여기까지는 평범해 보인다. 그러나 내가 그렇게 그리워하면서도 하지 못하는 일이 바로 이 음식의 다음 비법에 있다. 반드시 그것은 마지막 밥물이 잦아드는 순간 솥 안에 들어가 밥물을 먹으면서 익어야 한다. 이 밥물이 결정적 맛을 낸 듯하다. 압력솥이나 전기밥솥을 사용하는 오늘의 내가 딱 부딪치는 한계다.

식구들의 밥이 익어가는 큰 가마솥 안에서 밥물을 듬뿍 먹으며 은근히 익어간 그 채소들의 합창을 뜨거울 때 썰어 양념장에 찍어 먹었다. 그때는 그저 그런 맛이었고, 또 나중에 형제들한테 물어보니 이상하게도 내가 가진 그리움을 아무도 가지지 않은 듯했다. 아니 지겨웠다고도 했다. 역시 사랑은 아무나 하는 것이 아닌가 보다.

언젠가 이 음식에 대한 향수를 노년의 어머니께 이야기했더니, "하도 할 끼(것이) 없어 그냥 해본 거다. 그게 그리 맛있더냐?"라는 정확한 답이 돌아왔다. 그런데 이 향수 어린 음식은 나에게 또 영원한 향수만을 남길 것 같다. 그리워하면서도 다시는 못 만나는 운명의 그대가 되고 말 것 같다.

채소들이야 그 옛날보다 오늘이 훨씬 풍성하다. 하지만 진짜 순 무공해 식품으로서 채소는 거의 불가능한 오늘이다. 이미 땅심 자체가 다르다. 그러니 아무 생각 없이 쑥쑥 입에 넣던 구멍 숭숭 뚫린 벌레 먹은 채소들을 어디서 구할 것이며, 게다가 순 우리농산물 밀가루나 뜨거운 가마솥은 또 어디에 있는가. 자작자작 밥물에 익으며 영양덩어리로 변해갔던 그 야채덩이야말로 음식을 넘어 시대를 증언하고 내 그리움을 증언하는 영원의 사랑이 되고 말았다.

눈이라도 마주쳐야지 하는 것이 사랑이라면, 진정 내 입맛 깊숙이 마주친 그것이야말로 나의 기념비적인 사랑이 되고도 남는다. 그러나 그 사랑을 다시 실천할 어떤 현실적 조건도 내게 없으니, 오직 커가는 것은 그리움뿐이다. 시대가 빼앗아간 무공해 채소나 가마솥은 물론이고, 그것을 가르쳐줄 유일한 스승인 어머니가 안 계신다는 사실이 더욱 그러하다.

그리움이 없으면 어찌 사랑이라고 하랴. 궁해서 통했던(窮則通) 그 이름 없는 음식 하나가 이토록 연연한 그리움을 주니, 내가 진실로 남에게 말하고 싶은 것이 이것이 아니고 무얼까 싶구나.

아버지의 나눗셈

아버지는 농부였다.

양복 입고 구두 신고 다니는 남의 아버지에 비해 초라해 보였던 아버지는 내 학창시절 콤플렉스였다. 그러면서 아버지와 어머니가 싸운다면 아버지 편에 서고 싶다는 생각을 가지고 있을 만큼 아버지와 나는 정서적으로 잘 통하는 사이였다.

이제 초로(初老)에 든 막내딸이 그런 아버지를 회상하며 세월의 벚꽃이 무심히 흩날리는 나무 밑에 선다.

부모는 선택할 수 없다. 그 순응의 흐름을 철들어 돌이켜보면 나는 농부인 아버지를 무조건 용서(?)하고 감사해야 한다는 생각이 절절할 뿐이다.

무학(無學)의 아버지가 일곱 남매를 굶기지 않고 착실히 진학시켜준 것은 분명히 대단한 일이었다. 그리고 아버지가 농부가 아니었다면, 아버지의 땅이 없었다면, 내 문심(文心)이 어디서 싹틀 수 있었을까, 자연을 맘껏 보여주고 누리게 한 아버지의 땅은 내 글밭의 원초적 샘이었다고 큰 소리로 부르짖는다.

아버지는 어린 날의 내게 수수께끼였다.

학식도 지위도 없는 농부가 마을의 큰일이나 경사스러운 행사에 자주 대표가 되어 참여하곤 했으니, 도무지 이해할 수 없는 일이었다. "너거 아부지, 동네에서는 알아준다"는 어머니의 말은 더욱 이해하기 어려웠다. 학교에 가서 줄줄이 일등을 해오는 자식들과 당시 드물었던 대학생 아들을 둔 덕이었다는 것을 훗날에 알았다.

아버지에 대해 결코 잊을 수 없는 추억 하나를 나는 소중히 간직한다. 어느 날 학교에서 돌아온 내게 아버지가 빈 공책을 내밀며 뭔가를 가르쳐달라고 하셨다. 곱셈문제였다. 세 자릿수 곱하기 세 자릿수, 일테면 357×273 같은 것이었다. 몇 번 설명에 아버지는 어렵지 않게 이해를 하셨다. 메마른 논에 물이 들어오자 순식간에 흡수하는 땅과 같았다.

다음 날엔 나눗셈이었다. 그것도 이해를 잘 하셨다. 그러자 아버지는 너무나 신기해하고 행복해하며 숙제를 내달라고 하셨다. 공책 가득 곱셈 나눗셈 문제를 내고 이튿날 보면 만점숙제를 착실히 해놓으셨다. 문득 "삼촌이 공부를 했더라면…"을 되뇌던 큰어머니의 말이 떠올랐다. 우리 형제 아무도 모르는 이 일화는 내 가슴속에서만 아름다운 이야기로 흐른다.

늘 허덕이며 배고파하는 나의 지적호기심은 그런 아버지에게서 물려받은 것인지 모른다. 아버지는 또 반짝이는 유머감각으로 주위를 자주 놀라게 하셨다. 양복점을 그 당시 '맞춤집'이라 했는데, '맞'이 가려져 보이지 않는 양복 상자를 보고 "'춤집'이 뭐게?" 하고 물으셨다. 모두 어리둥절해하는데, '입'이라고 해서 폭소를 자아냈다. '춤'은 '침'이니 침의 집은 입인 것이다.

그리고 나는 분명히 아버지에게서 또 하나 받은 것이 있다. 가리지 않고 한잔 쫙 할 수 있는 음주실력이다. 어머니는 술을 입에도 못 대니 내가 누구를 닮았겠는가.

식구들이 두레상에 둘러앉을 때 막내인 나는 가끔 아버지와 겸상을 했다. 또 형제끼리 싸우면 아버지는 무조건 내 편을 들어주셨다. 아버지가 술에 취해 대문을 흔들며 동네가 떠나가게 호기롭게 부른 이름도 내 이름이었다.

일흔을 못 채웠으나 애지중지하던 막내딸이 낳은 딸까지 흐뭇하게 안아보며 여한이 없다고 하셨으니, 아버지는 잘 사신 것이라 생각하고 싶다.

『열하일기』와 문체반정(文體反正)

1737년 한양 반송방(서대문구)에서 태어난 연암(燕巖) 박지원(朴趾源)은 집이 가난하여 서당 근처에도 못 가본 채 16세에 장가를 갔다. 조부 때까지는 높은 벼슬을 했으나 아버지는 벼슬을 하지 못했다. 까막눈으로 장가온 연암을 장인 이보천이 알아보고 18세부터 글을 가르치기 시작했다. 3년쯤 공부하자 인근에 따라올 사람이 없을 정도로 뛰어났다.

스무 살 무렵 그는 산사에서 과거공부를 했다. 그러나 당시 또 한 명의 스승이었던 처숙 이양천의 귀양살이와 죽음 등에 회의를 느껴 과거시험을 포기했다. 그러다 다시 심기일전 소과 초시에 응시, 초장 종장 두 번 시험에 일등해 대궐에 들어가 영조의 극찬을 받았다. 소과 복시만 통과하면 따 놓은 당상이었으나 다시 휘몰아치는 정국에 환멸을 느껴 결정적으로 과거를 포기하고 재야의 선비로 살 것을 결심한다. “관직은 복어알에 덤비는 까마귀”라는 말을 그는 자주 했다.

이 무렵 등장한 홍국영이라는 실력자에게 위험을 느낀 노론집안 연암은 황해도 금천군 연암 골짜기로 숨어들었다. 연암이라는 호는 여기서 왔다. 이때 또 하나 슬픔이 닥쳤으니 존경하는 장인어른의 별세였다. 그는 ‘아아! 이 소자 나이 16세에 선생의 가문에 사위로 들어와서…’로 시작하는 감동 어린 추도문으로 장인을 기렸다. 연암은 이어 50세에 동갑인 아내를 잃었으나 주위의 재취 권유를 뿌리치고 마지막 19년을 독수공방했다. 자신을 알아준 장인어른에 대한 보은이 아니었을까 싶다.

1780년, 홍국영의 실각으로 연암에서 상경한 연암에게 하늘이 내린 기회가 왔다. 그해 5월, 영조의 사위이자 자신의 8촌형인 박명원이 이끄는 청나라 사신단에 참가하게 된 것이다. 공식수행원이 아닌 개인수행원으로 가는 연암은 그야말로 노마드적인 자유와 해방감 속에서 천하만물을 관찰하고 통찰할 천고의 기회를 얻은 것이다.

“반드시 한 번은 구경해야지!” 당시 지식인들의 로망은 청나라 구경이었으니, 그동안 품었던 연암의 울분과 감동, 호기심이 25년 공부와 함께 폭발하기 시작했다. 그 결과물이 저 유명한 『열하일기』다. 모든 것을 다 보리라, 모든 것을 다 기록하리라. 마부 창대와 하인 장복보다 더 가까이 끼고 다닌 것이 붓과 먹,

종이 쪼가리였다.

그런데, 여름철 장마에 발이 묶여가면서 숨 가쁘게 한양에서 북경으로 달려간 조선사신단에게 뜻밖의 불호령이 내려졌다. 그 무서운 건륭황제가 지금 북경이 아닌 열하(熱河)에 계시니, 촌각도 지체하지 말고 달려오라는 것이었다. 열하는 현재 하북성 청더(承德)로, 몽골 부근에 자리한 황제의 피서산장이면서 군사요충지 역할을 하던 곳이다. 열하, 아! 열하는 지금껏 조선인 누구도 가보지 못한 전인미답(前人未踏)의 길 아닌가. 그야말로 파천황(破天荒)의 일이다. 열하는 연암에게 하늘이 내린 또 하나의 기적이었다.

가자, 열하로! 사신단은 기동력을 위해 식구를 반으로 줄였다. 열하로 가는 험난한 길목인 고북구라는 지역은 만리장성 관문으로 중국 역사상 전쟁을 가장 많이 치른 곳이라 한다. 몽골족이 중국을 드나들 때도 이 길을 이용했다. 이런 험한 길을 밤낮없이 달렸으니, 저 유명한 「일야구도하기(一夜九渡河記)」라는 명작도 이 부근에서 태어날 수 있었다.

국력이 최고조인 시절 건륭황제에게 몽고, 티베트, 위구르 외교사절이 늘 드나들었는데, 그해는 특히 오늘날 달라이라마에 해당하는 티베트의 종교지도자 판첸라마의 역사적 방문이 있었다. 열하에서 뜻밖에 만난 이 티베트 불교도 연암에게는 충격이고 행운이었다.

5개월 정도의 여정을 마치고 귀국한 연암은 즉시 『열하일기』

저술에 들어갔다. 3년여 심혈을 기울여 탈고하기까지 그는 그 많은 메모와 기억과 감동을 어떻게 전할까, 깊은 고민을 했다. 사실적이고 입체적이면서 감동적으로 그 '서프라이즈(surprise)'를 전달하기 위해서는 뭔가 파격적이고 참신한 방법이 필요했다. 무엇보다 그는 잠자는 조선이라는 나라를 깨워 일으키고 싶어 목이 말랐다.

"조선의 가난은 선비가 제 역할을 하지 못한 데 있다." "청나라 문명의 본질은 '버려진 똥과 깨어진 기와'에 있다"고, 실용은 모르고 명분만 아는 조선 선비를 향해 일갈하며 틀에 박힌 복고적 문장을 과감히 벗어던지기로 했다. 조선의 사회제도와 양반사회를 비판하기 위해서는 풍자적이면서도 새롭고 독창적인 문체가 필요했다.

『열하일기』는 완성도 하기 전에 이미 주변에 알려져 큰 반향을 일으키며 인기몰이를 했다. 특히 한글로 필사된 '열하' 부분은 아녀자들의 밤잠을 설치게 했다고 한다.

양반사회는 이를 못마땅하게 여겼다. 아직도 망한 명나라를 기리고 발전한 청나라는 되놈이라고 눈감는 양반들이 청나라 건륭제 연호를 쓴 열하일기를 오랑캐연호를 쓴 '노호지고(虜號之稿)'라고 폄하했다.

어쨌든 당시 연암의 문체는 이를 모방하려는 풍조가 있을 만큼 매력적이라 유행처럼 번지기도 했다. 이런 풍조를 못마땅하게 여긴 정조는 규장각을 설치하여 견제에 나섰다. 과거(科擧)문제를 규제하고, 통속소설 문체를 적발하면 관직 삭탈도 했다. 중국 최신서적 수입을 금지하여 문란해지는 사회풍조를 바로잡으려고도 했다.

드디어 열하일기가 정조에게도 닿았다. 정조는 연암의 높은 학식을 사랑했으나 새로운 문체를 유행시킨 장본인으로 연암과 열하일기를 지목하며 엄중 문책하기로 했다. 이것이 문체를 정(正)으로 되돌리자는(反) 문체반정이라고 하며, 그 문체반정의 주역이 열하일기가 된 것이다. 달리 말하면, 열하일기가 그만큼 파급력이 있는 뛰어난 글이었다는 뜻이다.

정조는 자신의 문예정책에 순응하면 특별히 중용하겠다는 뜻을 내비치며 당시 문인들에게 순수한 옛 고문체로 된 속죄의 글을 지어 바치라고 했으나, 연암은 그냥 열하일기의 문체에 대한 해명과 반성의 뜻을 담은 정중한 답서만 보내는 것으로 그쳤다. 속죄의 글을 바쳐 영달하고 싶지 않았던 것이다.

연암 사후에 태어난 손자 박규수는 고종 때 우의정을 지냈으나 그때까지도 보수유림의 눈치 때문에 할아버지 문집을 정식 간행하지 못했다. 오랫동안 필사본으로 전하던 열하일기는 1900년 초에야 김택영에 의해 최초로 활자화되었다.

漢나라 문장이나 唐나라 시를 베끼는 식의 허무한 글쓰기가 아니라, 조선의 문장으로 조선의 글을 살아있게 쓰자고 부르짖은 시대적 선구자 연암은, 온갖 잡다한 것을 이야기해도 끝내 어떤 '이치'에 이르고 끝내 한 송이 장미꽃을 피웠으니, 연암의 문학과 열하일기는 민족최고 고전의 반열에 올라도 손색없을 것이다.

현재 서울시 종로구 재동 헌법재판소 부근이 연암이 마지막으로 살았던 계산초당 자리라고 한다. 그때 있던 백송나무가 지금도 헌법재판소 마당에 우아한 자태로 서 있다. 그 백송 옆에 연암에 대한 표지판 하나 조그맣게 서 있다면, 헌법재판소의 얼굴이 훨씬 정겹게 보이지 않을까?

오늘은 강을 건넌다

지금으로부터 240년 전인 1780년, 청나라 건륭 황제가 70세 생일을 맞았다. 조선 임금 정조는 박명원을 정사(正使)로 한 사신단을 꾸렸다.

사신단은 음력 5월 25일 한양을 떠나 스무날 만인 6월 14일 의주에 닿았다. 압록강이 눈앞에 흐른다. 이제 저 강을 건너면 꿈나라 청나라 땅이다. 그런데 사신단은 강 앞에서 열흘이나 발이 묶였다. 황실에 보낼 선물 꾸러미인 '만세야어전용품(萬歲爺御前龍品)'이 도착하지 않아서다.

사신단을 이끌어가는 정사 박명원은 화평옹주 부군인 영조의 사위로 북경을 여러 차례 다녀온 선구자다. 그에게 벼슬은 없지만 재야선비로 문명을 떨치는 박지원이라는 8촌 동생이 있었다. 박명원은 이번 기회에 박지원을 개인수행원 자격으로 발탁해 동행하기로 했다.

"반드시 한 번은 구경해야지!"

앞선 문명의 나라 청나라 구경에 목이 말랐던 연암 박지원은 44세에 꿈같은 꿈을 이루었다. 그 꿈이 민족의 고전이자 세계 최고의 기행문이라고 하는 『열하일기』를 낳았다.

열하일기(熱河日記)는 말 그대로 열하를 다녀온 일기다. 열하는 북경 북동쪽 '하북성 청더'로 황제의 피서산장이 있던 몽골 부근 군사요충지였다. 북경에 있어야 할 황제가 뜻밖에 열하에 계시는 바람에 바람 타고 달려온 사신단은 또 바람 타고 열하까지 달려가야 했다. 황제는 반드시 기일 안에 도착하라고 엄명을 내려놓았다. 사신단은 기동력을 위해 반은 북경에 남고 반은 밤을 낮삼아 북으로 달렸다. 오늘날 북경 상수원인 밀운을 지나고 만리장성 관문인 고북구도 넘었다.

5월에 한양을 출발해 10월에 돌아오기까지 5개월에 걸친 그 여정은, 초등학생같이 또박또박 날짜와 날씨까지 적어가며 쓴 일기가 되었다.

"오늘은 강을 건넌다!"

황실 선물이 도착하자 열흘 기다렸던 사신단은 드디어 압록강 앞에 이르렀다. 6월 24일, 열하일기는 바로 이 압록강을 건너는 「도강록(渡江錄)」부터 시작한다. 열흘 기다렸다 강을 건너는 설렘과 낯섦이 참으로 생생해 첫 외국여행을 떠나는 오늘의 우리와 조금도 다르지 않아 보인다. 난생처음 김포공항에서 비행기를 기다리며 흥분했던 내 모습이 거기 그대로 있다.

압록강은 눈앞의 현실이자 이국(異國)으로 가는 환상의 다리다. 그런데 하필 그날 강물이 크게 불어났다. 먼 백두산에 긴 장마가 든 듯 나무와 돌이 휩쓸려 내려오고 탁한 물결이 하늘에 닿았다. 역관들은 날짜를 미루자고 하고, 지방 유수도 며칠 더 묵으라고 하지만, 정사가 기어이 그날을 조정 장계(狀啓)에 써넣어버렸다.

"오늘은 정말 강을 건널 수 있겠습니다."

그날 연암은 집에 보낼 편지와 여기저기 보낼 답장을 잘 봉하여 파발 편에 부쳤다. 마치 비행기 타기 전 마지막 통화를 하는 것 같았다. 비장들도 군복과 전립을 차려입고 허리띠에 환도를 찼다. 서로 마주보고 웃으며 강을 건널 기대에 부풀어있다. 역관 한 사람이 병이 들어 하직인사를 하고 강 앞에서 되돌아갔다. 연암은 말안장 주머니에 벼루·붓·먹·거울·공책·이정표 두루마리 등 가벼운 행장을 차렸다. 그러면서 국경의 짐 검사가 아무리 까다롭다 하더라도 염려할 것이 없겠다고 안심한다. 뭐, 국경에서 짐 검사를 한다고? 공항검색대 못지않은 엄격한 국경수비대 심사가 그때도 있었다.

압록강 변 구룡정(九龍亭)은 우리 배가 출발하는 곳으로 짐 검사를 하는 곳이다. 의주관 부윤이 장막을 치고 사람과 말부터 살폈다. 사람은 이름, 사는 곳, 나이, 수염, 흉터 유무, 키의 크기를, 말은 털 빛깔을 따졌다. 다음은 깃발이 달린 세 개의 문을 통과해야 하는데 금지 물품을 조사받기 위해서다. 가장 중요한 금지품목은 황금, 진주, 인삼, 초피(담비모피), 초과로 가져가는 은이다. 검역관은 종들의 옷을 풀어헤치고 바짓가랑이를 더듬기도 했다. 이불 보따리와 옷 꾸러미가 강 언덕에 낭자하게 흩어졌다. 서로 힐끔거리며 짐을 챙기기도 하지만 이렇게 하지 않으면 간사한 짓을 막을 수 없었다고 한다. 체통 손상은 어쩔 수 없었다. 그러나 먼저 몰래 강을 넘어가 불법을 저지르는 장사치들이 있었으니, 법의 사각지대는 그때도 있었던 것이다.

3개의 깃발 통과는 냉엄했다. 첫 번째 깃발에서 들키면 큰 곤장을 맞고 물건은 압수되었다. 두 번째 깃발에서 걸리면 귀양을 가고, 마지막 깃발에서 걸리면 효수하고 조리를 돌렸다. 법이 시퍼렇고 싱그러웠다.

언젠가 나도 인천공항 출국심사대에서 '삑' 짐 검사를 받다 '쿵' 놀란 적이 있다. 로션 병을 무심중 손가방에 넣었다 걸린 것이다. 다행히 첫 번째 깃발에서 걸린 셈이라 압수로 끝나주었다.

오늘은 진짜 강을 건넌다.

사공이 상앗대를 들어 땅을 찌르니 배가 유성처럼 빠르게 나아간다. 멀리 압록강 변 정자기둥이 빙빙 돈다. 배웅 나온 사람들이 콩알처럼 보인다.

기다리던 내 비행기도 방금 떴다. 저 아래 빌딩들이 장난감처럼 보이고 길이 실핏줄같이 보인다. 이제 나도 꿈꾸던 나라로 간다.

파안대소(破顔大笑)

2021년 12월 20일 초판 인쇄
2021년 12월 25일 초판 발행

지은이 / 서경희

발행인 / 강병욱
발행처 / 도서출판 교음사

03147 서울 종로구 삼일대로 457 수운회관 1308호
Tel (02) 737-7081, 739-7879(Fax)
e-mail : gyoeum@daum.net
등록 / 제2007-000052호

* 잘못된 책은 바꿔 드립니다. 값 12,000원

ISBN 978-89-7814-850-4 03980